UN DRAME POLAIRE

LE "KRASSINE"
AU SECOURS DE L'"ITALIA"

PAR

MAURICE-PARIJANINE

Avec seize planches hors-texte

" TÉMOIGNAGES "

LES ÉDITIONS RIEDER

7, PLACE SAINT-SULPICE, 7. — PARIS-VIe

LE « KRASSINE »

LE « KRASSINE »
AU SECOURS DE L' « ITALIA »

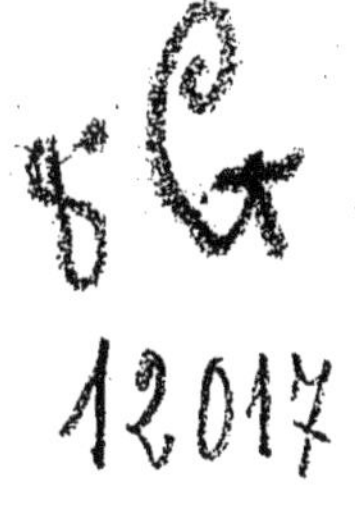

MAURICE-PARIJANINE

UN DRAME POLAIRE

LE « KRASSINE »

AU SECOURS DE L' « ITALIA »

LES EDITIONS RIEDER
7, PLACE SAINT-SULPICE, 7
PARIS
MCMXXVIII

AVANT-PROPOS

Le héros de ce petit livre est un vaisseau de la marine soviétique.

Nous avons eu l'honneur d'être envoyé en mission à bord de ce navire quand il revint du Spitzberg, dans toute la gloire de ses succès.

Par le monde entier, le nom du *Krassine* fut célébré, non pas avec des moyens de publicité, mais honnêtement, chez les honnêtes gens, parmi les hommes de bonne foi et de bonne volonté.

S'ils ne sont pas la majorité que l'on pourrait souhaiter, ils sont pourtant nombreux et capables de discerner l'importance et la grandeur de certaines actions dont des forces mauvaises désirent en vain voiler le rayonnement.

Une presse hostile à tout ce qui s'accomplit sous le drapeau des Soviets a été, quelque temps,

forcée de signaler des faits d'héroïsme et des résultats qui déconcertaient son animosité. Mais aussitôt que les devoirs des informateurs purent être
négligés sans trop de scandale, les directeurs des
grands journaux organisèrent le silence sur les
exploits du *Krassine*.

Un film fut projeté sur les écrans de Paris, où
l'on voyait des sauveteurs de toutes les nations
s'élancer au secours des naufragés de l'*Italia*.

Le brise-glace des Soviets n'y figurait pas.

Nous adressons ce livre au monde des travailleurs ; nous le lui aurions expressément dédié si
nous ne jugions qu'il serait prétentieux de donner
à cet ouvrage d'enquêteur et de témoin une portée
plus vaste que nos ressources.

Ceci n'est pas de la littérature. Ce n'est pas du
roman. C'est un modeste reportage, aussi précis
que possible et scrupuleux.

En commençant ce récit, nous nous promet-
tions d'être franc de lignes comme nous appa-
raissait, quand nous l'approchâmes pour la première fois, le *Krassine* pavoisé, en rade de Stavanger. Nous croyons avoir été fidèle à cet intime
engagement.

*

Sous prétexte d'introduction, nous n'allons pas résumer l'histoire des expéditions polaires qui se poursuivent, avec une ardeur sans cesse ranimée, depuis plus d'un siècle.

On sait que l'étude de ces déserts glacés qui coiffent le globe intéresse plusieurs des disciplines scientifiques dont la somme fait la richesse intellectuelle et la puissance matérielle de nos civilisations.

Longtemps, le pôle arctique est resté inaccessible. Les cartes mentionnent justement les noms de W. E. Parry qui monta en 1827 à 82° 45' de latitude nord, de Lockwood qui dépassa le 83me degré et de tant d'autres explorateurs ou de hardis chasseurs qui ont, depuis, jalonné de points de repère l'incommensurable pack.

Les progrès de l'aéronautique, et spécialement de l'aviation, devaient galvaniser les curiosités et les vieilles ambitions de l'homme.

On se rappelle peut-être le nom d'Andree, qui, avec deux compagnons, partit en ballon, en juillet 1897, vers le pôle, et disparut à jamais dans les brumes.

Ce fut l'initiateur.

Passons sur trente années qui ont daté d'autres catastrophes.

En 1926, Roald Amundsen, qui avait atteint le pôle sud en 1911, partait avec le général Nobile, sur le dirigeable *Norge*, dépassait le pôle nord et atterrissait en Alaska.

A l'âge de cinquante-six ans, Amundsen vient de sombrer, avec le *Latham*, hydravion de la marine française, devant la côte norvégienne, aux alentours des îles Lofoten. Il était aimé chez lui, et son pays a pris le deuil.

En 1926 encore, Byrd, aviateur américain, survolait le « sommet magnétique » et rentrait indemne de cette aventure.

En avril 1928, le capitaine Wilkins, Australien, a accompli un raid aérien en sens inverse de celui d'Amundsen ; s'élevant de l'Alaska, il a plané aux environs du pôle et a touché terre au Spitzberg. Il vient de partir, avec deux aéroplanes, dans le dessein d'explorer, cette fois-ci, le pôle sud et de préparer l'établissement d'une station météorologique du côté de l'île de la Déception. Que ce nom ne lui soit point un présage !

Enfin, en mai dernier, le dirigeable *Italia*,

commandé par le général Nobile, partait de Milan,
gagnait, à travers des tempêtes (il faillit périr en
Poméranie), le hangar de Ny Aalesund, dans la
Baie du Roi (Spitzberg) et glissait de là vers le
pôle.

A King's Bay, il avait pour base de communications un vieux vapeur allemand, acheté par les
Italiens, le *Città-di-Milano.*

L'expédition parut soigneusement préparée.

Nous croyons savoir qu'Amundsen, qui connaissait trop bien Nobile, depuis son voyage sur le
Norge, et qui a écrit, avant de disparaître, ce qu'il
pensait de ce général, refusa de participer à l'exploration.

Le professeur Malmgreen, lui aussi, nous dit-on,
ressentit quelque répugnance devant l'entreprise
qu'on lui proposait. Mais il accepta.

En somme, le personnel scientifique et technique
de l'*Italia,* comptant des hommes tels que Malmgreen, le professeur tchécoslovaque Behounek, le
jeune physicien italien Pontremoli et plusieurs
officiers habiles dans leur métier, promettait d'ajouter aux fastes du monde romain.

Malheureusement, à notre époque, et particulièrement dans le pays que gouverne Mussolini,

on confond presque toujours les effets d'une juste renommée avec ceux d'une impudente réclame, et l'on accorde la préférence à ces derniers, pourvu qu'ils soient les plus gros.

L'expédition de l'*Italia* fut annoncée avec bien du tintamarre. On sut que ce dirigeable devait jeter sur le pôle un drapeau et une croix. Les personnes qui ont gardé la saine habitude de réfléchir pour bien penser imaginèrent qu'on se moquait d'elles.

Cependant, la nef volante partait, le 23 mai, de Ny Aalesund ; le 24, elle faisait de l'ombre sur le blanc du pôle et lâchait les deux objets, la croix et le drapeau, sur les glaçons.

Le 25 mai, c'est la catastrophe dont on saura les circonstances plus loin ; l'*Italia* coulait dans les airs et se brisait sur la banquise.

Jusqu'au 8 juin, on n'en eut plus de nouvelles.

L'émotion, dans le monde, fut grande, et même étonnante pour notre temps qui connaît, sans se troubler outre mesure, de plus terribles accidents : les guerres en cours, et les explosions dans les mines, et les exécutions de révolutionnaires, en Chine ou dans les Balkans, et les assassinats d'ouvriers, et l'affreux incendie d'un théâtre populaire en Espagne.

Le 29 mai, le *Città-di-Milano* poussait une petite reconnaissance vers le nord. Mais il rentrait bientôt à la Baie du Roi. Il n'est pas taillé pour de telles aventures.

Des Allemands, des Suédois, des Norvégiens, et même des Anglais, et même d'autres Italiens, sans compter les Français, partirent bientôt par la mer et par les airs.

Le gouvernement de Rome avait frété le navire *Hobby*, que M. Edmond Blanc, dans la revue *Sciences et Voyages* a plaisamment appelé un « brise-glace », lui accordant, avec non moins de libéralité, le mérite d'avoir découvert, *le 17 juin*, Mariano, Zappi et Malmgreen. M. Edmond Blanc n'a jamais entendu parler du *Krassine*. Mais il sauve avec là même facilité le groupe Viglieri, par les moyens de l'aviateur Maddalena. C'est peut-être M. Blanc qui marquera dans l'histoire.

Le 24 juin, le général Nobile se faisait enlever, avec son chien-mascotte, par l'aviateur suédois Lundborg. Il laissait ses compagnons sur la banquise.

Sur le *Latham*, le 18 juin, s'étaient envolés au

secours de l'*Italia*, de Tromsoë, le commandant Guilbaud, le lieutenant de vaisseau de Cuverville, le radiotélégraphiste Valette, le pilote norvégien Dietrichson, avec, comme guide, Roald Amundsen. Nous venons de dire qu'ils se sont perdus. Un flotteur d'aile de leur avion, déposé sur le trottoir intérieur du ministère de la Marine, à Paris, en est la triste preuve.

*

Nous avons vécu à bord du *Krassine*. Nous étions présenté à ses chefs et à son équipage par une femme distinguée dans l'histoire de la Révolution russe, par Kollontaï, ministre de l'U. R. S. S. en Norvège.

Nous avons été accueilli sur le brise-glace avec de l'étonnement et du plaisir, avec toute la cordialité qu'un reporter pouvait espérer.

Mais bientôt, comme journaliste, nous étions très embarrassé et nous nous crûmes, un instant, désappointé.

Nous écrivions alors :

« Le *Krassine*, pendant huit ou dix jours, se confondra avec le paysage de Stavanger.

« C'est un des replis du *Bokn Fjord*. A un demi-mille, face à la vieille cité, sur des eaux miroitantes, que pique la pluie, on discerne à la jumelle deux cheminées jaunes, signées de l'étoile rouge et, parfois, dans un sursaut du vent las, une flamme vive et fière, le drapeau du prolétariat.

« Ce n'est plus ici la haute Norvège, monumentale, un soupçon théâtrale, que nous avons vue déversant de ses glaciers des trombes qui scient la montagne et se creusent des fosses d'écume dans la mer. Rien ici qui rappelle ces pointes sauvages, ces forêts noires, cette ampleur de coloris, ces chocs plastiques dont on croit percevoir le grondement sous les vapeurs du *Sogne Fjord*.

« Ici, la Norvège s'est apaisée. Elle se couche aux portes de l'océan. Elle ne mord plus et ne veut plus être mordue.

« Lieu bien choisi pour le sommeil du *bogatyr*, du géant chevalier, dont un monde lilliputien va réparer l'armure.

« Les ateliers et la cale sont situés à l'extrémité d'un îlot pierreux, grisâtre, vaguement teinté d'une verdure lymphatique. Sur le coteau pelé, quelques maisons sans style et sans âge, badigeonnées au lait de chaux : des « villas » peut-être... Plus bas,

des masures s'alignent, goudronnées ou barbouil-
lées de lie, qui, plantées à même l'eau, sur la rocaille
et sur pilotis, font double jeu de décors avec leur
image renversée. Et comme l'îlot voisin est aménagé de la même façon, nous avons une rue lacustre,
le faubourg du pêcheur et du calfat, sans autre
luxe que du silence et des lumières sur l'argent du
canal.

« Autour de nous, par le terrain sillonné de rails,
taché de rouille, toute la machinerie ordinaire et
l'enchevêtrement des lignes dures d'un chantier
maritime.

« Le *Krassine* repose à sec, sur un lit de ciment. »

De l'étonnement, et du plaisir, et une telle cordialité ! Nous trouvâmes le professeur Samoïlovitch en conférence avec son état-major. Il nous
reçut aussitôt, dans cette étroite cabine qu'il
occupe sur le pont, à l'avant du navire, et d'où il
peut observer, par-delà les cabestans, par la pointe,
le champ de ses aventures.

Quand le brise-glace concasse sous lui la formidable croûte des eaux polaires, cette cabine retentit
d'éclatements assourdissants, et le bois frémit,
gémit, grince durant des heures, sous ce vacarme
d'orage, enveloppé d'épaisses fusées de neige, cin-

Photo Keystone View C°

LE DIRIGEABLE " ITALIA "

au moment de son départ de l'aérodrome de Milan.

glé par des glaçons. Imaginez ce tangage sans nom :
le plancher se cabre, le ciel de l'éternel hiver vous
envahit ; mais, soudain, la banquise crevant, vous
plongez dans le grondant abîme, et vous voici plus
profondément engagé au chaos de ces solitudes.

Comme il devait sembler beau, après cela, le
bleu brumeux du fjord où s'inclinaient mollement
des voiliers!

Dans ce logement de chef, qui est surtout un
cabinet de travail, le désordre et la confusion
d'objets divers que l'on admire en songeant que la
plupart ont été ou seront utiles à une si noble
entreprise.

A droite, contre les gonds de la porte, deux fusils.
Au mur, trois canards blancs et gris du Spitzberg,
empaillés, les pattes pendantes : c'est du pitto-
resque. Des cartes jaunies. Une affiche de propa-
gande soviétique. Sur le bureau, l'indispensable
barographe, d'autres cartes, les récentes brochures
anglaises et suédoises des entreprises de « relief »,
de secours, un fouillis de lettres et de télégrammes
arrivés de toutes les terres. A gauche, au fond,
derrière un rideau vert, le lit qui, certainement,
n'est pas « fait ».

En Norvège, c'est bien la Russie que nous aimons,

celle qui se soucie tellement peu des apparences...

Des fauteuils de cuir crevé : ce sont les meil-
leurs.

Samoïlovitch était stupéfait. Il se leva, et nous
nous levions pour l'écouter :

— Comment ! C'est pour nous voir que vous
êtes venu de si loin ! De Paris ! J'en suis confondu !...
Veuillez transmettre aux ouvriers français nos sincères remerciements. Dites-leur bien que nous con-
sidérons tous comme un grand honneur d'avoir pu
rendre quelques services à une cause qui nous est
commune et que des marques d'attention comme
celle-ci sont pour nous le plus précieux encoura-
gement. Tout ce qu'il est possible de faire pour
faciliter votre travail, nous le ferons. Soyez comme
chez vous à bord du *Krassine*.

La conversation prit ensuite un tour plus fami-
lier, et il faut bien avouer que, de part et d'autre,
on posait plus de questions qu'on ne donnait de
réponses.

Mais c'est alors que nous allions déchanter.

Une consigne sévère, imposée par le gouvernement de Moscou, « contingentait » les renseignements sensationnels que nous étions chargé d'obte-

nir. Tous les documents du bord, les films, les photographies, venaient d'être expédiés en U. R. S. S. Et nous ne pouvions que nous incliner devant les exigences de la politique extérieure des Soviets.

Nul moyen particulier d'investigation ne nous fut donné, ni par les représentants officiels des Soviets, ni par les chefs de l'expédition, ni directement, ni indirectement, en ce qui concernait un procès historique dont le fascisme ne doit pas souhaiter les débats.

Toute la documentation, jusqu'aux moindres pièces, se trouvait déjà sous séquestre, lorsque nous sommes arrivé à Stavanger : même les photos d'amateurs. Tout cela était entre les mains du pouvoir soviétique.

Ainsi, nous ne profitions guère, sous certains rapports, que du « traitement de la nation la plus favorisée ». Restait à nous de voir, d'entendre et de comprendre ce que l'on nous dirait et... ce que l'on refuserait de nous dire.

Car aucune diplomatie n'a encore imaginé le procédé qui assurerait à ses silences et à ses réticences une signification très éloignée de la vérité : devant certaines questions précises, on a parlé quand on n'a pas nié, quand on s'est tu simplement.

Nous nous serions déshonoré si nous étions rentré « bredouille ».

Nous avons obtenu ce qu'il nous fallait. Nous avons trouvé « le filon ». Notre gros avantage était évidemment que nous parlons le russe presque aussi bien que notre langue maternelle, le français. Nous nous chargerions même de *patoiser* en russe, et comme, dans cette merveilleuse langue, il n'y a pas, à proprement parler, d'*argot*, nous avons eu la précaution d'apprendre les forts et gros mots qui sont, en tous pays, la base durable des entretiens familiers.

Nous avions hâte de nous mêler à l'équipage, de connaître ces hommes, de savoir ce qu'ils pensaient et sentaient, comment ils vivaient.

Mais la nouvelle s'étant répandue de l'arrivée d'un camarade français, c'est nous qui avons été, d'abord, interviewé. Les soutiers nous entraînaient dans leur « carrée ».

— Asseyez-vous là, — attendez qu'on essuie, — bon ! asseyez-vous, et racontez... Ça fait deux mois qu'on est coupés du reste du monde...

Les lits étaient défaits sur les cadres, les matelas

découverts. Deux gaillards, le torse nu, tatoué d'ancres, de navires et de devises révolutionnaires, s'allongeaient, après leur quart.

— Faites pas attention : le linge est à la blanchisserie. Tout sera blanc, ce soir... Alors, et Marty ? En prison toujours ? Et Doriot ? Et Cachin ?...

Nous racontions la manifestation d'Ivry, les grèves, Rouen, Le Havre, les catastrophes, la Roche-Molière...

— Écoutez, camarades, écoutez...

Ils se serraient contre nous.

— Et les salaires en France ? A quand la révolution ? Et l'instruction du peuple ? Et le ciné ? A-t-on vu nos films ? Hein, le *Potemkine* ?...

Les yeux étincellent. Il y a ici des hommes qui « ont fait » toutes les mers, de rudes hommes de Cronstadt, de ceux que nous avons connus farouches, impitoyables, bardés de bandes à mitrailleuses, le fusil noir et les dents blanches, en 1917, en 1918...

Maintenant des travailleurs-modèles dans cette usine flottante, où la discipline est celle qu'ils ont voulue.

— Vous reviendrez, camarade ? Tu reviendras, dis ? Tiens, prends ça : de la *makhorka* de chez nous... Prends... tout le paquet... Et reviens...

Nous avons fumé avec délices le tabac du chauffeur et nous sommes revenu à lui. Nous savions par où la prendre, cette enquête. Nous avions le bout du fil. Nous aurions bientôt le cœur de la pelote.

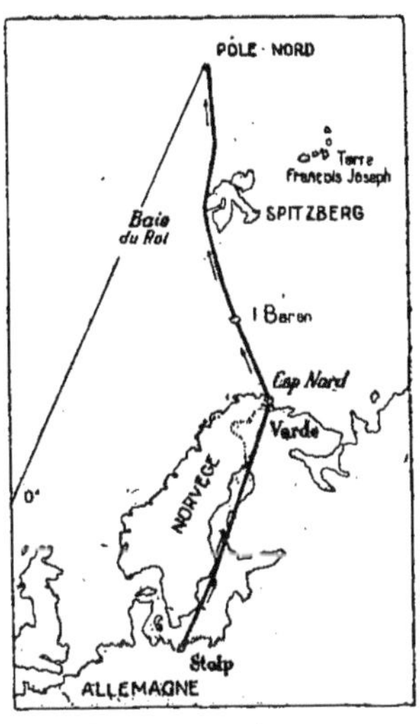

LE TRAJET DE L'« ITALIA »
VERS LE PÔLE

S. O. S. ...DÉPARTS

Save our Souls ! Sauvez nos âmes ! *S. O. S.* Quel cri humain, du creux de l'estomac, du cœur, des entrailles ! Venez ! Nous avons la peau couverte de froide sueur, et nous pleurons, et nous ne sentons même plus, sur nos joues, ces larmes. Venez ! Venez vite ! A nous, monde lointain ! Vite à nous !

C'est un amateur de sans-filie, un paysan russe, nommé Schmidt, habitant le bourg de *Voznésenskoïé*, (gouvernement de Viatka), qui, le premier, put capter, entre deux concerts, le message lancé par Nobile le 2 juin.

Schmidt prévint le soviet local. Il n'était pas sûr d'avoir compris l'appel parti d'un monde inconnu, ni surtout d'avoir bien transcrit le nom de *Foyn*.

Dans la presse russe, avertie par télégramme,

une discussion très vive s'engageait. Jusqu'alors, on avait accepté l'hypothèse italienne : le dirigeable aurait été emporté à la dérive dans la direction de l'ouest-nord-ouest, vers le Groenland. Les journaux de Rome n'accordèrent aucun crédit aux assertions d'un « rustre » qui prétendait avoir enregistré sur son pauvre appareil ce que les postes récepteurs les plus puissants auraient laissé échapper. N'était-ce pas une mystification ?

Quant à Schmidt il se bornait à dire qu'il s'était peut-être trompé, et après avoir consulté la carte des terres boréales, à l'école du village, il pensa que le mot Foyn signifiait peut-être, en abrégé, la terre François-Joseph (en russe : Frantz-Iosiph, — F. Io.) Erreur, mais moins grave que celle des augures italiens. Le point de la catastrophe était situé à peu près.

Des savants russes et Samoïlovitch, directeur de l'*Institut d'Etudes du Nord*, adoptèrent en les expliquant les indications de Schmidt. L'île de Foyn existe au nord-est de la terre du Nord-Est (Spitzberg). Le relevé des observations météorologiques de fin mai donnait le maximum de vraisemblance au radiotélégramme de Nobile.

En U. R. S. S., dès le 5 juin, la décision était

acquise de secourir le général fasciste et ses compagnons. La société *Osaviakhim* prenait l'initiative, et désignait une commission.

Cette société, dont la structure est celle d'une coopérative de production, a pour objet de développer en U. R. S. S. toutes les entreprises de chimie industrielle (*khimia*) et d'aviation, aussi bien pour le progrès économique de l'Union que pour sa défense éventuelle. Elle groupe plus de trois millions de membres.

Il fut d'abord question d'armer uniquement le brise-glace *Malyguine*. qui emporterait, avec son appareil, un as de l'aviation russe, Babouchkine. Ce navire, dont le port d'attache est Arkhangel, n'a ni les dimensions ni la puissance du *Krassine*.

Il partit dans la nuit du 12 au 13 juin.

Comme notre enquête n'a pas dépassé les rivages de la Norvège, nous nous bornerons ici à reproduire les déclarations de Babouchkine, telles que les a transmises l'agence Tass à l'agence Havas :

« *Moscou, 7 août.*

« L'aviateur Babouchkine qui se trouvait à bord du *Malyguine* et qui est rentré récemment à Moscou, a fait au représentant de l'*Agençe Tass* une description détaillée de ses vols de recherche du groupe Nobile.

— « Quand le *Malyguine* fut entré dans des glaces infranchissables et ne put ni avancer, ni reculer, je me décidai à prendre mon vol. Il restait encore à faire de 225 à 230 lieues jusqu'à l'endroit du stationnement supposé du groupe Nobile. Il m'était bien difficile de couvrir toute cette distance d'un seul trait, sans atterrir ; je me décidai donc à installer une base intermédiaire sur les glaces du rivage de l'île Charles XII.

« Après avoir atterri près de cette île, nous y laissâmes 100 litres d'essence dans cinq bidons. Aussitôt que nous fûmes montés pour voler de nouveau vers le *Malyguine*, le temps changea. Le *Malyguine* et l'île de l'Espérance (*Hope Island*) furent enveloppés par un brouillard épais. Nous nous installâmes sur un petit bloc de glace et y passâmes la nuit, à environ 40 kilomètres du brise-glace. Le mécanicien, l'opérateur de cinéma et moi restions dans la cabine, sommeillant à tour de rôle. Il était nécessaire de veiller, à cause de la curiosité extraordinaire des ours qui venaient tout près de la cabine flairer l'avion. Montant la garde à tour de rôle, nous éloignions les ours au moyen de nos fusées.

« Le brouillard dura 28 heures. La communication par T. S. F. fut interrompue et nous eûmes des inquiétudes sérieuses. L'opérateur de cinéma photographia entre temps notre campement sur l'île Charles. Le brouillard se dissipa enfin et, après de longues heures passées sur la banquise, qui épuisèrent nos forces, nous pûmes faire le point, nous envoler et nous diriger vers le *Malyguine.*

« Après avoir changé de moteur à bord du *Malyguine,* je me décidai à procéder aux recherches en volant tout droit vers l'île Foyn. Mais des brouillards blancs nous empêchèrent encore de réaliser nos intentions. Je ne voulais plus attendre que les brouillards se dissipassent et partis le 29 juin. A cause du brouillard je dus voler très bas. Pour assurer la communication par T. S. F. j'emmenai avec moi le radiotélégraphiste Fominykh. » (?)

« Mais malheureusement, après 40 minutes de vol, la T. S. F. cessa de fonctionner. Je volais donc très bas, sans aucun contact avec le brise-glace, tout près des glaces, me souvenant seulement que Visé avait promis de se frayer un chemin avec le *Malyguine* vers l'île Charles. Un brouillard épais me força d'atterrir sur un bloc de glace sur lequel nous restâmes du 29 juin jusqu'au 1er juillet. D'après mes calculs approximatifs, ce bloc de glace se trouvait à 120 kilomètres au nord du *Malyguine*. Le temps devint plus mauvais, une tempête approchait. J'étais obligé d'avancer pour ne pas périr sur le bloc de glace malgré l'impossibilité complète de voler. En volant une heure dans le brouillard, je m'égarai et décidai d'atterrir sur le premier bloc de glace venu.

« J'eus la chance d'atterrir fort heureusement à 25 ou 30 kilomètres de l'île de l'Espérance. Pendant ce temps la tempête augmentait, nos vivres étaient épuisés, mais la fortune nous sourit enfin. Un ours énorme s'approcha bientôt de l'avion ; je le laissai venir tout près et le tuai. Nous lui coupâmes les deux cuisses de derrière et jetâmes la peau et le reste de la chair dans l'eau, de crainte d'attirer, par l'odeur du sang, d'autres ours irrités.

« Le quatrième jour, la tempête se calma peu à peu. Nous volâmes dans la région où devait se trouver le *Malyguine*, mais perdîmes notre chemin. On y voyait mal, l'essence touchait à sa fin. Nous descendîmes de nouveau sur le bloc de glace le plus proche et y passâmes la nuit.

« Le lendemain matin, je m'aperçus que nous nous trouvions sur un morceau de glace très petit et très mince avec de grands espaces dégelés. Je ne puis pas comprendre, jusqu'à présent, comment j'ai pu y atterrir sans me noyer avec mon avion. Il est probable que les skis nous ont retenus. Cependant ce bloc de glace ne pouvait même pas porter le poids d'un homme : dès que le radiotélégraphiste Fominykh fut sorti pour lancer l'hélice, il coula instantanément sous la glace. Nous retirâmes de l'eau notre pauvre camarade tout pâle et grelottant de froid. Il n'avait même pas de vêtements de rechange et dût rester assis, tout mouillé, dans la cabine tout le reste du temps de notre supplice et de nos mésaventures. Je me souviens qu'il me dit : « Si nous ne trouvons pas le *Malyguine* aujourd'hui, je devrai périr ici. »

« Nous remontâmes dans l'air avec des efforts inouïs. Au bout d'une heure 40, nous étions à bord du *Malyguine* et nos malheurs étaient finis. »

Babouchkine terminait son récit en émettant des hypothèses sur le sort d'Amundsen.

« Je crois, disait-il, qu'Amundsen n'est plus en vie. Je doute qu'il ait pu atterrir sur la glace et je pense que son moteur s'est arrêté au-dessus de l'eau. Selon moi le *Latham* s'est posé sur l'eau, mais comme il y avait un vent violent, il a coulé à pic. »

C'était à peu près vrai, malheureusement.

Ostrovsky a écrit un récit émouvant du séjour du *Malyguine* auprès de l'île de l'Espérance dont l'Amirauté britannique interdisait l'approche à moins de 10 milles.

Pendant plus de quatre jours, Babouchkine s'était trouvé « coupé » du reste du monde. On comprend déjà que l'entreprise de sauvetage des Soviets n'a pas été une plaisanterie.

Depuis le *Malyguine* est rentré à Arkhangel.

On vit tout de suite que pour affronter les banquises, il fallait engager une machine de premier ordre ; l'Union soviétique en possédait une : le *Krassine*. Le professeur Samoïlovitch et son collègue Stromberg désignaient avec insistance ce navire. Le Comité de Secours de l'*Aviakhim* se rendit à leurs raisons. Du 5 au 9 juin, de longs télégrammes furent échangés entre Moscou et Léningrad. Avons-nous besoin de dire que le Gouvernement de l'Union soutint, dès la première heure, cette entreprise et la subventionna largement ?

Les frais, énormes, (nous regrettons de n'avoir

pas le droit de citer des chiffres), ont été assumés
par trois groupes ou pouvoirs distincts et solidaires :
l'*Aviakhim*, le gouvernement et la ville de Léningrad. Cependant, une certaine partie des dépenses
imprévues est couverte ou le sera par des groupes
étrangers : l'Italie a voulu payer les réparations
du *Krassine* à Stavanger ; une société allemande
doit prochainement rembourser les frais de sauvetage du *Monte-Cervantes*.

*

Le 10 juin, il était entendu que le *Krassine* par-
tirait.

C'était l'été, l'époque où un brise-glace n'a rien
à faire dans les eaux baltiques. Le navire allait
être mis, comme on dit là-bas, en état de *conser-
vation*. Une partie de l'équipage était en congé ;
une autre détachée à des services spéciaux.

La direction de l'*Institut d'Etudes du Nord* ne
perdit pas une minute : les uns couraient, les autres
véeurent accrochés au téléphone, jour et nuit.

On prévit trois jours de préparatifs. Il n'y avait
que 25 hommes à bord. Le brise-glace était normalement « refroidi ».

Le 11 et le 12 on travailla.

Les autorités soviétiques poussaient à l'œuvre.

L'Institut d'Etudes du Nord gouvernait et enregistrait depuis le 11 juin.

Le 12 fut constituée la *troïka* (triumvirat) : Samoïlovitch, chef de l'expédition ; Oras, commissaire politique, et Tchoukhnovsky, aviateur.

Le 13, la tâche du *Krassine* était fixée : explorer le nord et le nord-est du Spitzberg, tandis que le *Malyguine* pousserait sur l'est.

Les chauffeurs, les matelots, les radio-télégraphistes, les aides, seconds et officiers du *Krassine* eurent à peine le temps d'avertir leurs familles. Liberté d'une heure pour ramasser des effets.

« Cette folle après-midi, dit Chpanov, correspondant de Moscou, fut remplie par des courses à travers les grands magasins. Je demandais des sweaters, des bas de laine... Les vendeurs souriaient et me montraient cette belle journée de juin... Des costumes de bain étaient exposés dans les vitrines... Moi, je voulais des vêtements matelassés... »

Armes, cartouches, instruments, fourrures, lainages, flanelles, — trouver, marchander, acheter tout cela. A bord, déjà, du beurre en barils, des œufs, des farines et semoules...

LE GÉNÉRAL NOBILE DANS L'ATELIER DU SCULPTEUR ANDERSON, A ROME

quelques jours avant son départ.

« Nous renonçâmes à notre droit au sommeil. Courir, télégraphier, téléphoner, nous ne faisions que ça... Dans cette nuit blanche, le télégraphe n'expédia pas moins de vingt mille mots à Moscou...»

Le 14 juin eut lieu à bord du *Krassine* une assemblée solennelle d'adieux. Étaient présents : Karpinsky, président de l'Académie des Sciences ; le vice-consul d'Italie, des représentants du Commissariat des Affaires étrangères et de l'*Aviakhim*, des chefs du port de Léningrad. Des chrysanthèmes blancs furent apportés pour Nobile.

*

Le même correspondant écrivait, le 15 juin :

« Le *Krassine* n'a pas encore fini de charger. Nous avons passé la nuit dans les cabines et n'avons que fort peu dormi. Le chef de l'expédition, Samoïlovitch s'était étendu sur le divan, l'aviateur Tchoukhnovsky s'était assoupi, assis devant la table, en face de moi. Jusqu'à ce moment, nous avions tous, Samoïlovitch en tête, traîné et chargé des poutres et des barres de fer. Nous étions exténués.

« Enfin sont remplies les dernières formalités, réduites d'ailleurs au minimum.

« Personne ne connaît encore la place qui lui sera assignée ; c'est le commandant qui va les distribuer. La cuisine demande à être excusée ; elle n'a pas encore pu déballer les cuillers à thé ni le sucre. Nous buvons du thé sans sucre et n'avons pas besoin de cuillers. Mais dans quelques heures, tout le mécanisme du géant *Krassine* — depuis les machines les plus puissantes au monde jusqu'aux ustensiles de cuisine, jusqu'aux cuillers à thé, — tout fonctionnera mathématiquement. La sélection extraordinaire de l'équipage en est garante : l'équipage a été en effet choisi avec une minutie inouïe.

« Quelques-uns d'entre nous entr'ouvrent leurs valises. On aperçoit là-dedans de sinistres bonnets fourrés, des mitaines de 10 kilos [1], des bottes de Samoyèdes, des bas fourrés, etc.

« Dans le canal maritime, le soleil brille déjà, l'air s'est réchauffé, imprégné d'été ; un ciel extraordinairement azuré pour Léningrad ; il commence à faire chaud dans la cabine et nos fourrures monstrueuses semblent, à l'heure actuelle, d'un comique absurde. On ne peut les regarder sans éclater de

---

1. Hum !... — *M. P.*

rire. Et pourtant, ce que nous en aurons besoin, dans quinze jours au plus tard, lorsque l'océan Arctique, encombré de glaces, recevra et retiendra notre *Krassine*, qui sait pour combien de temps ! »

L'heure sonna. Les deux cheminées du navire vomissaient leurs fumées sur le pâle ciel de la Néva.

Russ-Photo

LA COMMISSION DE SECOURS DE L'AVIAKHIM EXAMINANT LES MOYENS
DE VENIR EN AIDE A L' " ITALIA ".

Construit pendant la guerre, à Newcastle, par la firme Armstrong, Whitwort et C⁰, lancé en 1917, sous le nom de *Sviatogor*, qu'on lit encore dans le bronze de sa cloche de brume, le *Krassine* jauge 10.500 tonneaux. Sa longueur est de 323 pieds anglais (98 mètres), sa largeur maximum 21 m. 60 ; de la quille au pont, la hauteur est de 12 m. 50, dont 5 m. 50, au maximum, de tirant d'eau.

Entièrement cuirassé d'acier chromé, sa carapace n'ayant d'autres percées qu'un rang de hublots, à 5 mètres au-dessus de la ligne de flottaison, et quelques bouches de dégorgement, il accuse des flancs énormes, curieusement équilibrés sur une étrave dont le profil oblique se prolonge, absolument droit, de l'éperon aux assises de la carène, jusqu'à un point situé sous les machines.

Cette étrave métallique, d'une longueur inu-

sitée, est, à proprement parler, la hache du sauveteur qui montera demain à l'assaut des sinistres
banquises, poussée par trois hélices qui absorbent
et transforment l'énergie de dix chaudières, —
une puissance de 10.600 chevaux-vapeur...

Cent trente personnes sont maintenant à bord,
dont l'aviateur Tchoukhnovsky et ses aides, ainsi
que sept correspondants de journaux russes. Trois
femmes : nous connaissons l'aimable et discrète
Vorontsova, collaboratrice de *Troud*, et Xénia,
femme de charge et cuisinière.

Tout ce monde a enfin respiré. Chacun s'est casé,
tant bien que mal, chacun a même trouvé le temps
de faire « le tour du propriétaire ». La salle à manger,
qui est aussi le salon, devient à minuit un dortoir.
A vrai dire, on n'y dort guère en ces premiers
temps. Trop d'émotions, trop d'ardeurs et d'impa-
tients espoirs ! Entassés plutôt que logés, certains
durent coucher sur la grande table et sur le plancher. On ne parvient pas à dominer avant l'aube
l'excitation nerveuse ; les corps sont tendus, les
esprits courent au-devant du navire. On ne peut
se taire ; les conversations à mi-voix durent jusqu'à l'apparition d'un rayon rouge à l'Orient ;
et c'est comme un rappel du devoir, qui vous rejoint

du pays, par les flots. On vit dans un enveloppe-
ment magnétique, les terres invisibles vous frappent
au cœur de leurs saluts, de leurs encouragements,
le monde vous avertit, vous accompagne, doute
parfois de vous, et vous supplie... Impossible de
rester plus de deux ou trois heures dans cette position de « fainéants » ! Debout ! La peau moite, on
essaie de faire toilette avec de l'eau de mer. On est
encore bien sale. Qu'importe ! Il s'agit bien de
cela ! Voici les radios.

— Silence ! camarades, écoutez !

17 juin. — *Trois survivants de l'*Italia *ont été
sauvés par le voilier norvégien* Hobby...

Est-ce bien vrai ?

Patiemment, obstinément, le *Krassine* retourne
dans l'écume la petite vitesse de ses 12 nœuds
à l'heure, car il n'a pas été construit pour en faire
davantage.

Sur un échafaudage, entre la première cheminée
et le deck, Tchoukhnovsky visite, caresse, aménage
son avion.

Le 18, Samoïlovitch a convoqué sur le pont tous
les hommes qui ne sont pas de service. Il ouvre
une grande carte et, pendant une heure, il explique
les intentions et le plan de l'expédition.

*

Le professeur Samoïlovitch est âgé de quarante-
neuf ans. Robuste et grand, il a les traits typiques
du Slave oriental, d'aspect quelque peu mongol,
les yeux plutôt petits, mais vifs et observateurs.
Il parle doucement, il produit l'impression d'une
volonté réfléchie et parfaitement calme ; nous ne
croyons pas ridicule d'ajouter qu'il est bon et
impressionnable.

Il s'est spécialisé, comme géologue, dans l'étude
des régions septentrionales. En 1912, au Spitzberg,
il découvrit des mines de charbon (Vadven Bay)
qui sont exploitées. Avec le *Krassine*, il vient
d'accomplir sa quatorzième expédition polaire. Il
connaît particulièrement bien *Novaïa-Zemlia* (la
Nouvelle-Zemble), — où il a fait installer une
station de radio, — et la terre François-Joseph.

Il est actuellement directeur de l'*Institut d'Etudes
du Nord*, à Léningrad. Il a fondé et aménagé le
Musée du Nord. Il a organisé une série d'excursions
scientifiques de la plus haute importance.

Entièrement dévoué au prolétariat et d'un
« loyalisme » incontestable à l'égard du régime

soviétique, il n'est cependant pas membre du parti communiste.

*

Son secrétaire, le secrétaire général de l'expédition, est Ivanov, gros garçon, affable, en joué, dont la jovialité se replie en quelques secondes, à l'appel du devoir. Élève de Samoïlovitch et de Bogoraz-Tan, géologue, géographe, déjà estimé pour ses travaux (études hydrologiques, levés topographiques) il en est à sa quatrième expédition dans le Nord, et il n'a que vingt-trois ans. Il représente la nouvelle génération intellectuelle formée par Octobre, en contact incessant avec la masse ouvrière.

*

Le commissaire politique, sous-chef de l'expédition, se nomme Oras. Esthonien, il est né à Reval, en 1897. Il a fait ses premières études au *gymnase* (lycée) de Reval. De 1916 à 1918, il fut élève à l'*Ecole du Génie maritime* et servit sur le *Lénine*, à Cronstadt.

C'est dans cette ville, dans ce port, qu'il a vécu

la révolution de mars 1917. Il avait vingt ans. Il fut bolchévik bientôt. Il combattit pour la victoire d'Octobre à Léningrad. En 1919, il servit dans les détachements de la marine, — et c'était la guerre civile. De 1920 à 1923, il continua ses études à l'Académie de la Flotte russe communiste. Entre temps, il voyageait. En 1921, il travaillait sur le transport-hôpital *Transbalt*. Il visitait l'Allemagne. En 1922, au retour d'une mission de technicien en Esthonie, il devenait chef du croiseur *Amiral-Makarov*. Puis, de 1923 à novembre 1924, il servit sur l'*Ouritsky*. En 1925, jusqu'en décembre, il fut, à Paris, membre de la commission soviétique de la marine qui s'efforça, sans succès, de régler le sort de la flotte russe internée à Bizerte et volée par la France.

De mars à avril 1926, Oras remplit des missions de technicien en Allemagne et en Hollande. De mai 1926 à janvier 1928, il est attaché pour la marine soviétique à la légation de l'Union en Suède. C'est là qu'il apprend les langues scandinaves. En février 1928, il est vice-président de la commission des chantiers maritimes, à Léningrad.

*

Le capitaine du *Krassine* s'appelle Egghi. Il a
34 ans. Esthonien comme Oras, il est né d'une
pauvre famille. Son père était pêcheur. Enfant, il
n'a eu d'autre occupation que d'attraper de la
merlue et du hareng. Il suivit l'école primaire. Il
eût voulu continuer ses études, mais l'argent lui
manquait. Cuisinier sur un petit voilier, il écono-
misa soixante roubles. A quatorze ans, avec cet
argent, il devenait élève de l'école préparatoire de
navigation. Il assistait aux cours pendant le beau
temps du soleil. En tout autre temps, il naviguait
et, en deux ans et demi, il vit l'Amérique du Nord
et du Sud, la Méditerranée, l'Afrique, sur un voilier
et sur un vapeur. En 1913, il rentrait d'Amérique
en Russie. Le transatlantique *Volturno* brûla sur
l'Atlantique. Egghi contribua au sauvetage des
passagers et fut décoré de médailles des gouverne-
ments américain, britannique et russe. Il toucha
5 livres anglaises et 13 roubles (34 francs). Il avait
sauvé 102 personnes.

Rentré en Russie, il poursuivit ses études. En
1915, il les acheva à Riga. L'autorité militaire du

gouvernement tsariste l'envoya au front, comme simple soldat, en première ligne des tranchées.

En 1917, il fut expédié à Léningrad, et, de là, à Arkhangel, matelot, sur un bateau qui posait des mines.

Puis, second sur un voilier, il toucha la Norvège, qui le renvoya alors à Mourmansk, royaume des *blancs*. Matelot. Il partit pour l'Angleterre sur un vapeur. Et il ne rentra en Russie, à Mourmansk, qu'en 1920. Il avait assez navigué dans les eaux et les glaces du nord. Les « bolchéviks » lui donnèrent le grade de 3e officier pour une expédition en Sibérie, sur la mer de Kara. Il passa un hiver parmi les chasseurs. En 1921, mêmes occupations, même aventure. En 1922, Egghi est sous-chef du brise-glace *Lénine*. Chef en 1924. Et sous-chef du *Krassine*. Actuellement, commandant des deux bateaux.

*

L'équipage fut recruté parmi les spécialistes de la navigation arctique, des radio-communications, professeurs, navigateurs, matelots. Un tout, et tout improvisé, mais soigneusement, avec des éléments d'école supérieure, de praticiens, d'ouvriers

Russ-Photo

"LE KRASSINE"

et d'informateurs, pris là où on les trouvait. La place sur le navire et les possibilités de ravitaillement étant très mesurées, on dut limiter sévèrement les effectifs qui s'offraient de bon cœur ; au lieu de quatre équipes de chauffeurs à six heures de travail, on n'en prit que deux.

*

Il serait fort injuste de ne pas mentionner à présent Bérezkine.

En accomplissant leur tâche de sauveteurs, les chefs du *Krassine* n'ont pas perdu de vue l'avantage qui résulterait de travaux accessoires, effectués avec leurs moyens exceptionnels, pour l'étude de la zone arctique. Or, la moindre observation faite dans cette région est appréciée de ceux qui s'intéressent non seulement à la physique du Nord, mais au régime général du globe.

Bérezkine, hydrographe, météorologue, représentant l'*Observatoire de Géophysique* de Léningrad, a été le grand artisan de ce travail.

Il se servait journellement du poste de radio, qui était très pris par les communications de sauvetage et que se disputaient les correspondants

de journaux. Il obtenait pourtant par là des bulle-
tins météorologiques, et donnait les siens. Les
meilleures informations ont été reçues de *Dietskoié
Sélo* (Village des Enfants, l'ancien *Tsarskoié Sélo*,
village du Tsar), près de Léningrad, d'Oslo, de
Suède et d'Angleterre ; mais on reçut des radios
même de Vladivostok.

Bérezkine établissait deux cartes par jour. Il
notait les profondeurs, la température des eaux,
leur degré de concentration saline, leurs courants.
Il a complété les observations faites par Nansen
et par le prince de Monaco. Il a tracé des coupes
d'ouest en est. Il a corrigé bien des erreurs géographiques.

Et c'est un homme sans prétentions, calme dans
ses façons, affable, un excellent compagnon à qui
nous songerons toujours avec le regret de notre
plaisir.

*

Ce n'est pas sans confusion qu'ici, dans cette
galerie biographique, nous relevons, de nous-même,
une lacune de notre reportage. Nous ne savons
presque rien de la vie de Tchoukhnovsky, non plus
que de celle de Straube, pilote en second, d'Alexéiev,

observateur et radiotélégraphiste à bord de l'avion,
ni des mécaniciens Fédotov et Chélaguine. Nous
n'avons pas eu la chance de les voir : ils étaient
restés à King's Bay, pour y réparer leur machine,
lorsque nous avons fait notre enquête en Norvège.
De leurs camarades, nous ne tenons que d'assez
vagues renseignements sur eux. On nous a dit que
Tchoukhnovsky serait âgé de trente-trois ans, qu'il
commença sa carrière vers la fin de la guerre impérialiste et qu'il s'est consacré, dans la suite, —
comme Babouchkine, son émule, — à des vols
d'exploration dans la zone glaciale, particulièrement
dans la région de la Nouvelle-Zemble.

En constatant l'indigence de notre dossier sur
ces hommes qui ont accompli une tâche extrêmement dangereuse et dont l'héroïsme apparaîtra
plus loin, nous entendons déclarer que ce manque-
ment n'est pas un signe d'oubli. Le travail du
journaliste ne serait pas si difficile et vaudrait souvent beaucoup mieux s'il pouvait se faire moins
hâtivement. Mais tout l'intérêt de cette besogne
est d'arriver à son heure et le témoignage que nous
apportons, même incomplet, restera recomman-
dable aux historiens, si nous y mettons une entière
sincérité.

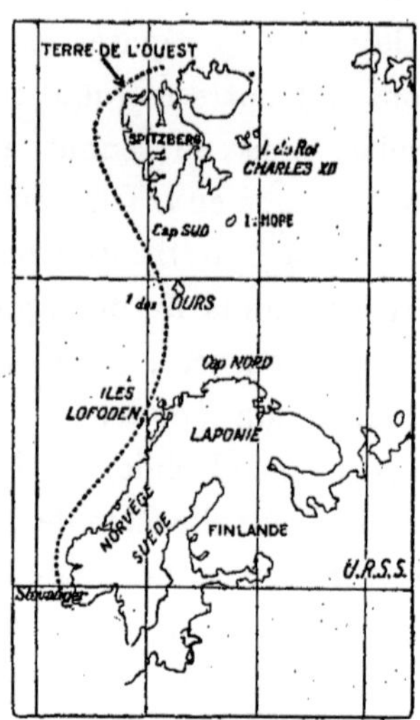

LA ROUTE SUIVIE PAR LE « KRASSINE »

LES CHEFS DE L'EXPÉDITION, LA " TROÏKA "

A gauche Tchoukhnovsky. Au centre le Pr. Samoïlovitch.
A droite Oras, sous-chef et commissaire politique.

Ils partirent, le 15 juin, à quatre heures de l'après-midi.

Vers huit heures, à Cronstadt, ils prenaient de l'eau et reçurent un message d'amitié et de vœux du brise-glace *Ermak*. A l'aube du jour suivant, ils marchaient.

Le 16, un hydravion les rejoint, apportant du matériel pour Tchoukhnovsky. A neuf heures du soir, ils passent Hogland.

Le 17, Reval, puis Gotland, au large.

Le 18, on longe de loin la côte suédoise.

Le 19, devant Fehmarn, un pilote danois monte à bord, pour le passage du grand Belt. Le soir, le *Krassine* est acclamé par la population de Korsoer.

Le 21, il chemine dans les fjords et il atteint Bergen à six heures du soir.

Nous relevons ce qui suit dans les lettres du correspondant Chpanov, déjà cité :

« Les côtes de Finlande se déroulent sur notre droite en une étroite bande d'un gris vert. La mer est absolument calme et cependant, le *Krassine* tangue et roule doucement...

« La T. S. F. nous informe qu'un avion nous apportant une charge supplémentaire est sur le point de rattraper le *Krassine*. J'écris ces lignes dans l'attente de l'avion. Les membres de l'expédition vont profiter de l'occasion pour lui remettre des lettres et le salon du navire est transformé maintenant en un véritable bureau : tout le monde écrit...

« La vie à bord prend un caractère normal. Il n'y a point d'oisifs parmi nous : à dater d'aujourd'hui, nous prenons tous le quart nuit et jour. Ce matin, les journalistes ont fait le ménage des cabines, ils ont secoué les tapis et tout mis en ordre.

« Prochainement, nous allons publier notre journal mural. On l'appellera *Le brise-glace Krassine*. Il racontera notre existence et tout le train-train de l'expédition. Nous avons demandé au professeur Samoïlovitch une carte pour notre cabine. Il a promis de nous en donner une quand le *Krassine* aura reçu, à son passage en Danemark, un lot de cartes géographiques. Deux fois par vingt-quatre heures, le pilote y marquera le chemin parcouru.

« Nos conversations à table portent invariablement sur l'*Italia*...

« Le *Krassine* est en train de se laver, de se nettoyer. On le racle et on met tout en ordre à bord. On a eu trop peu de temps pour faire tout cela dans le port d'attache. Le *Krassine* a levé l'ancre à l'instant même où l'on venait de terminer le chargement. Ce n'est qu'aujourd'hui que notre géant à deux cheminées s'est mis à sa toilette.

« Il est une heure de l'après-midi. La mer est brillante. Il fait chaud...

« Des îles surgissent de la mer. Allongée, bleue, collée à l'horizon, une île passe, fond dans le lointain, ou bien comme une bosse fumeuse, glisse vers nous, s'enfle, s'aligne avec le navire et lentement, comme elle est apparue, se retire dans la mer.

« C'est ainsi qu'ont défilé devant nous, ces jours-ci, les îles Dagœ, Œsel, Gotland, Œland, Bornholm, et, à l'instant où je vous écris, l'île Fehmarn.

« J'aperçois à la jumelle un morceau de Danemark. Les toits rouges, pointus, se serrent étroitement l'un contre l'autre. A travers les toits, une tour blanche et une pointe à son sommet. Nous sommes sur la grande route. A preuve ces avions postaux qui nous survolent, portant le courrier de Suède en Allemagne, du Danemark sur le continent et en Europe centrale.

« Le sans-filiste tape sans cesse dans son étroite cabine : point, tiret, point, tiret. De son étroit réduit, il converse avec les navires qui nous demandent :

« — Où allez-vous ?

« — Expédition à la recherche de Nobile. Nous allons au Spitzberg, cap Leigh Smith.

« — Bon succès ! Bon voyage !

« A midi, dans le salon, à table, le télégraphiste transmet les salutations et les vœux des navires... »

*

« ORDRE N° 1.

« Le chef de l'expédition,

« Vu l'importance extrême de la répartition et de l'utilisation judicieuse des vivres pendant la navigation polaire, il sera organisé à bord une commission de trois personnes, à savoir : le médecin du bord, Srednevsky ; le commandant

en second, Brenkopf, et le délégué de l'équipage, Dolgo-
polov. La garde et la répartition des vivres incombent à
cette commission qui entrera immédiatement en charge.

« Signé : Le chef de l'expédition :

*« S*AMOÏLOVITCH.

« Le 16 juillet, à 16 h. 30, à bord du brise-glace Kras-
sine. »

*

« A l'arrière du navire, des matelots jouent aux
dominos et donnent à manger aux mouettes. Ici
même, on a développé les cartes et Samoïlovitch
explique à l'équipage le but et l'importance de
notre expédition. Ce fut une réunion extraordinaire.
Notre chef a réussi à enflammer l'équipage du désir
de réussir dans notre entreprise, de sauver des gens,
de servir la science et de faire honneur au drapeau
soviétique... »

*

« Devant la ville de Korsœr, antique cité danoise,
le détroit se rétrécit. Korsœr est juché au bord de
la mer, sur une pointe recouverte de maisons à deux

ou trois étages, blanches avec des toits rouges,
brillantes de propreté. Nous changeons de pilote.
Le nouveau a apporté un paquet de journaux,
principalement de Copenhague. Dans ce paquet,
nous trouvons aussi le journal *Slovo*. Nous lisons
avec beaucoup de curiosité, dans cette feuille,
des nouvelles nous concernant ; un de nos aviateurs
nous supplie de cesser la lecture, car il se sent crever
de rire.

« Il faut dire que le *Slovo* nous consacre des colonnes entières. Il s'avise de nous diriger, de Léningrad, non pas sur le Spitzberg, mais vers Arkhangel...

« Les Danois nous accueillent chaudement et
joyeusement. Les habitants de Korsœr sur des
canots et des barques s'approchent du *Krassine*.
Les hommes agitent leurs chapeaux, les femmes des
mouchoirs et tout le monde crie, en danois : *Vive
l'Union soviétique !* D'un canot ce cri nous parvient, même en langue russe.

« L'équipage du *Krassine* s'est groupé sur le pont
et répond aux salutations de la foule.

« Des chœurs danois se font entendre sur les
canots. Un de nos matelots court vers sa cabine
et revient avec une guitare. Penché sur le pont

et s'adressant aux braves Danois, il leur donne
une sérénade à sa manière, avec, au programme,
l'*Internationale*, la *Trique*, etc... Les Danois applau-
dissent, rient et agitent leurs mouchoirs et leurs
chapeaux...

« Le *Krassine* s'éloigne accompagné des cris
retentissants des habitants de Korsœr.

« Le ciel et la mer sont azurés à qui mieux mieux.
Des canots joyeux continuent à se balancer sur la
surface brillante du golfe bleu. L'antique cité est
éclatante de couleurs. Les fermes, comme des jouets,
s'éloignent à l'horizon et le Danemark disparaît
à nos yeux... »

*

« ... Nous sommes autorisés à nous servir d'eau
douce pour notre toilette.

« Six jours de navigation ininterrompue sur la
mer constituent un délai suffisant pour que cette
autorisation extraordinaire nous remplisse d'enthousiasme.

« Les alambics qui distillent l'eau de mer sur le
brise-glace consomment trop de charbon. Or, il
faut ménager ce combustible pour les machines :

nous sommes pressés et nous n'avons pas le temps de nous arrêter dans les ports. Les alambics ne fonctionnent donc pas. Nos provisions d'eau douce sont très limitées. Vous comprenez que nous ne pouvons nous permettre le luxe de nous en servir pour nous laver. Mais essayez donc d'enlever avec de l'eau salée la moindre partie du charbon incrusté sous les ongles, dans les pores et entre les doigts.

« Pendant cinq jours Tchoukhnovsky ne cessa de soupirer de ne pouvoir se laver les mains. Nous joignions nos lamentations aux siennes.

« Mais quand on nous déclara que le Skagerak était dépassé et que, sur la carte, un petit drapeau fut piqué dans la mer du Nord, lorsque pour la première fois, depuis six jours, dans la salle de bain, le robinet laissa couler un petit filet d'eau tiède, vous ne sauriez vous imaginer l'impression que cela produisit ! Nous fîmes la queue pour la toilette à l'eau douce. A cause de cet empressement nous ne vîmes pas que nous commencions à longer les côtes de Norvège. Lorsque je sortis de la salle de bain, je remarquai, à l'horizon, sur la droite, une chaîne moutonnante de montagnes qui sortaient de la mer. Leurs sommets nous semblaient

d'informes mottes miroitantes : ils étaient couverts de neige et le soleil ruisselait là-dessus...

« Nous approchions de Bergen. C'est pourquoi
nous étions autorisés à nous laver à l'eau douce.
D'abord, à Bergen, nous pourrions nous réappro-
visionner et ensuite, il fallait tout de même nous
débarrasser de cette crasse noire : *ce n'est vraiment
pas convenable de se présenter ainsi devant des
Européens.* »

*

Ces citations seront-elles jugées trop longues ?
Nous espérons que non. Nous y trouvons bien du
charme. Elles donnent « le ton de la maison ». Et
puis nous n'avons pas la vanité d'écrire ce livre
tout seul.

Continuons.

*

« Nous approchions de Bergen, après une nuit
assez orageuse. On était passablement secoué.
Au matin, le temps changea, mais de grandes vagues

froides roulaient sur le désert bleu. Le canot qui nous amenait le pilote, ne put longtemps approcher du navire ; il sautait sur les vagues, s'inclinait sur le flanc, tombait dans des précipices. Le pilote s'y tenait debout et ne semblait même pas remarquer les vagues. Enfin il saisit l'échelle qu'on lui lança du navire et grimpa à bord. Un petit garçon d'une huitaine d'années environ et une fillette, la fille du pilote, ainsi que nous l'apprîmes par la suite, étaient restés dans le canot. Les cheveux courts de la petite Norvégienne s'agitaient au vent, elle souriait, nous faisait des signes de la tête, et criait à travers ses mains jointes en porte-voix : *Levele Riouschen* (Vivent les Russes). Ensuite, se montrant elle-même du doigt, elle répétait joyeusement : *Norio, Norio.* Nous pensâmes que « Norio » était son nom et nous la saluâmes à notre tour : *Morgen, freken Norio.* Par la suite, nous sûmes que Norio c'était le nom du pays, la Norvège *(Norge).* Mais la fille du pilote resta dans notre mémoire comme *freken Norio.*

« Le canot se remplissait d'eau. L'écume des vagues arrosait la fillette. Elle semblait vraiment être dans son élément. Lorsque, dirigeant avec aisance son canot, elle s'éloigna de nous, l'équipage

qui s'était groupé sur le pont cria en chœur : Adieu,
freken Norio.

« Au déjeuner, son père, le pilote, vida un verre
de vodka et exprima son enthousiasme d'avoir le
bonheur d'accompagner le navire soviétique, puis
il commença à parler de sa fille. *Freken Norio,*
habitante des fjords, s'applique depuis plus d'une
année à persuader son père de quitter le parti des
tranmelit pour le parti communiste, mais le pilote
est inébranlable. Certes, il a beaucoup d'estime
pour les communistes et il laisse à cet égard toute
liberté à sa fille, mais il est avant tout, *tranmelit* ;
en d'autres termes, il est « communiste », tout en
considérant que la Norvège est « au-dessus de tout ».
D'abord la Norvège et puis le communisme. Mais
la superbe petite Norvégienne n'est pas comme son
père. *Freken Norio* est une véritable communiste,
nous affirme le pilote, qui lui est *tranmelit,* jusqu'à
la moelle des os, comme il dit ».

« Nous avons pénétré dans un curieux canal ;
c'est un canal naturel. Sa largeur change constamment. Des massifs montagneux forment ses rives,
couvertes de pins, de sapins, de genévriers. L'eau
couleur turquoise est comme vitrée. On dit qu'elle
est toujours ainsi dans les fjords : comme gelée,

immobile et assez profonde pour que les plus grands
navires puissent y passer. La largeur moyenne du
fjord, à vue d'œil, est de trois ou quatre kilomètres,
parfois davantage... »

DE BERGEN A LA BANQUISE

Les ancres étaient tombécs devant Bergen, le 21 juin.

Le *Krassine* mange du charbon et tient à boire de l'eau pure. Ce héros a des faiblesses communes à tous les grands et petits de son espèce. Il a bien fallu les contenter. Deux jours d'arrêt.

Vilain temps. Il pleut et la ville est coiffée d'un gros tampon noir. Pourtant, au fond du port, luisent des magasins et des voitures. L'équipage demande des permissions. Le caissier est autorisé à verser de petites avances sur les salaires. On l'entoure, on empoche, on se sauve.

Désolation : nos hommes trouveront les boutiques déjà fermées.

Ils s'enfournent dans les cinémas.

Ces heures de ravitaillement en charbon sont

abominables : on patauge dans une boue puante, on a la gorge, le nez et les oreilles gonflés de poussier, et des fronts, des sourcils, des nez de nègres.

Le 22, monte à bord un Norvégien, le professeur Hoel, géologue, spécialiste des recherches polaires, vieil ami du professeur Samoïlovitch. Le gouvernement des Soviets l'a agréé comme membre de l'expédition.

Le 23, Bergen s'est paré et habillé pour fêter la Saint-Jean, jour de réjouissances populaires dans tout le nord européen comme en Russie. Une multitude s'avance vers le *Krassine*. En tête, les drapeaux rouges et les pionniers, aux vestes kaki, cravatés de rouge. La musique joue l'*Internationale*.

Dans la nuit du 23 au 24, à deux heures, le brise-glace a largué les amarres. Il va chercher, selon l'expression d'un ouvrier que nous citerons bientôt, « une couche plus dure et digne de son poitrail de fer ». Deux pilotes norvégiens sont à bord et vont se relayer.

Le 24 et le 25, on passe des fjords à la haute mer, et du large aux fjords. On aperçoit les îles Lofoten.

Le 26 est un beau jour de soleil. Le *Krassine* s'attarde trois heures à attendre le secours de la marée en un passage dangereux. On admire les montagnes, couvertes de sapins et de bouleaux.

A 11 heures du soir de ce jour, les pilotes quittent le navire qui va sortir du fjord et piquer droit sur le Spitzberg. Déjà, sur le deck, la commande a sonné : Egghi réclame des machines toute la vitesse. Mais, par la nuit claire, s'approche un voilier qui fait des signaux : c'est un bateau de pêcheurs qui veulent offrir au *Krassine*, en cadeau, 50 kilos de morue fraîche.

N'est-il pas vrai qu'entre travailleurs, par le monde, par ses déserts, on commence à se sentir les coudes ?

Le 27 juin, voici l'immensité océanique. « Un bon petit soleil *(solnychko)* nous réchauffe ». Dès ce point, c'est le soleil de l'été polaire, qui ne se couche pas, à peine plus pâle à minuit qu'à midi.

Le 28, brume épaisse. Le froid est pénétrant.

Le *Krassine* a trois avertisseurs : la cloche, la trompe ou klaxon, instrument grondeur, et la sirène qui fait claqueter les surfaces à des lieues de distance.

Ce jour-là, le klaxon hurla longuement dans les brouillards.

A dix heures du matin, par une éclaircie, on

aperçut à quelque distance et on doubla le premier
iceberg, « qui était bien de la hauteur d'une église ».
Il descendait, fondant, vers le sud, entouré d'innom-
brables glaçons, ses satellites.

A deux heures de nuit, donnant sur le 29 juin,
on passait devant l'île aux Ours.

Le brise-glace marchait à toute vitesse.

Il reçut, cette nuit-là, la première communication
de la base italienne, *Città-di-Milano*, et un message
du *Malyguine*, qui errait alors, très loin sur la mer
de Barents, dans des brumes impénétrables.

Dans la journée du 29, le *Krassine* bousculait des
glaces flottantes. Certains glaçons étaient de trois
ou quatre mètres d'épaisseur. Le brouillard s'épaissit. Le gouvernail fut endommagé. On jeta l'ancre
et on fit une réparation de fortune. A trois heures
de l'après-midi, on repartait. On brisa de lourdes
glaces.

Nos gens s'étaient couverts de laines et de peaux.
Complaisamment, vrais enfants, ils paradaient en
leurs nouveaux costumes d'explorateurs polaires,
et chacun de se vanter qu'il n'avait pas froid, mais
là... pas du tout !...

A dix heures du soir, on longeait le Forland,
grande île située au sud-ouest-ouest du Spitzberg.

LE Pʀ. SAMOÏLOVITCH, ORAS, Mᵐᵉ KOLLONTAÏ, MINISTRE
DE L'U. R. S. S. EN NORVÈGE ET EGGHI, CAPITAINE DU
" KRASSINE ".
Photo prise à Stavanger.

L'AVIATEUR TCHOUKHNOVSKY ET SON ÉQUIPE.

Le brouillard était tombé. L'eau était claire et libre. Le ciel merveilleusement lumineux.

On reçut un télégramme de bienvenue de Nobile, déjà sauvé.

On sut aussi que l'aviateur suédois Lundborg avait touché la banquise dans des conditions déplorables et attendait du secours.

Le 30 juin, par temps doux, le *Krassine*, entouré d'énormes glaces flottantes, passe à six milles au nord du Spitzberg.

A cinq heures du soir il attaque la blanche fortification du pôle et commence sa trouée. Il neige. « Une après-midi de Noël. » Deux morses plongent aux premiers éclatements. Les échos retentissent, comme des coups de canon.

Le *Krassine* ne sortira de cette guerre aux éléments que le 18 juillet.

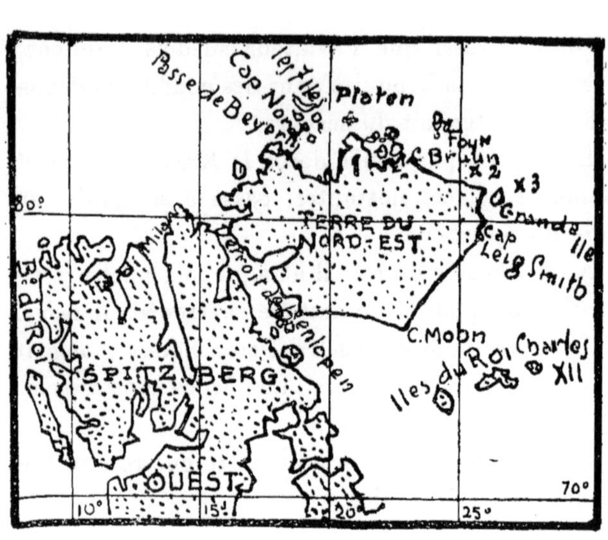

les 7 lles
Cap Norden
Platen
Passe de Beyer
du Foyn
C. Brünn
x 2   x 3
D. Grande Ile
TERRE DU NORD-EST
cap Leig Smith
80°
B. du Roi
Détroit Hinlopen
SPITZBERG
C. Moon
Iles du Roi Charles XII
N. OUEST
10°   15°   20°   25°
70°

LA COURSE AUX NAUFRAGÉS
ET ...LA CASSE...

Le 1er juillet, le *Krassine* atteint le groupe des Sept-Iles, face au cap Nord, pointe de la terre du Nord-Est, en direction du cap Platen.

La banquise est extrêmement compacte.

Le navire, qui manœuvre sans difficulté sur les glaces de la Néva et du golfe de Finlande, dont l'épaisseur ne dépasse jamais un mètre cinquante, a toutes les peines du monde à se creuser un chenal ici, dans ce massif de trois ou quatre mètres de hauteur. Il fouille, il ahane sans parvenir à le défoncer. A tout instant, il faut faire machine arrière pour reprendre de l'élan et percuter de nouveau dans la brèche. En deux heures, on n'a avancé que de deux cents mètres.

Du haut de la hune de vigie, on aperçoit, à quinze milles, un bateau coincé dans les glaces.

On ne tarde pas à reconnaître le *Braganza*, norvégien, que les Italiens ont affrété pour les opérations de sauvetage. Il est comme mort sur l'océan blanc.

On tient conseil. Décidément, le passage au nord des Sept-Iles est impossible. Il faudra reculer.

A huit heures du soir, clameurs par tout le pont. L'équipage salue joyeusement un ours énorme qui se promène en acrobate sur les arêtes de la banquise, à un kilomètre de distance. Quelqu'un actionne la sirène : le mugissement du *Krassine* secoue la solitude : *Micha*, étonné, lève le museau, se balance sur ses grosses pattes, et disparaît en quelques secondes, roulant en boule dans sa blanche fourrure.

Dommage qu'il était si loin !...

Le 2 juillet, on a songé à franchir la barrière par le sud des îles. On réussit à se dégager un peu et l'on avance, très doucement, dans des glaces disloquées. Un fort vent du nord-ouest chasse le bateau sur le cap Platen. Les machines donnent des signes de fatigue.

Le moment est grave.

Si les calculs de l'expédition ont été justes, le *Krassine* doit se trouver à vingt ou vingt-cinq lieues, tout au plus, des groupes italiens qu'il est venu chercher.

Tout l'équipage s'assemble pour examiner la situation. Nul, bien entendu, n'accepterait d'abandonner la partie. Il ne s'agit pas de cela. Des hommes s'offrent à courir la chance d'une exploration à pied. Mais les chefs ne peuvent assumer pareille responsabilité. L'entreprise serait aussi folle que vraisemblablement inutile. D'ailleurs, la glace, monstrueusement hérissée et ravinée, serait impraticable aux skis.

Il est également impossible de descendre l'avion.

On décide de pousser le bateau sur Foyn et de chercher un banc de décollage.

Le 3 juillet, jusqu'à midi, le *Krassine* livrait encore bataille, grondait et grinçait par toutes ses jointures. Il avait fini par dépasser les Sept-Iles.

*

On reprenait espoir quand, sous bâbord que parcourut un long tremblement, une pale d'hélice cassa.

« Nous nous regardions sans dire un mot. A quoi bon parler ? Nous n'avions tous qu'une seule et même pensée, la même angoisse. Tant d'efforts, tout ce travail, était-ce perdu ?

« Ceux qui avaient mis en nous toute leur confiance seraient-ils déçus ?

« Nous étions là, sur le pont, les bras ballants. Les mécaniciens remontaient, le torse nu, en sueur, oubliant de se couvrir. L'un d'eux roulait nerveusement une cigarette, et laissait tomber son tabac. On voyait des dos courbés sur les rambardes, à l'arrière, une rangée de dos. Les yeux fouillaient le noir chenal que nous venions de traverser et dont l'eau moussait encore sous ses rives blanches. Comme si cela pouvait servir à quelque chose, de regarder !...

« Dans quelques heures, notre sillage serait recouvert de glace et de neige. Nous serions prisonniers. Comme le *Braganza*... Et pour combien de temps ?...

« Nous n'étions pas inquiets de notre sort, camarade. Le *Krassine* est solidement bâti. Nous avions tout ce qu'il faut, et de quoi vivre sur place, et la radio... Non, mais nous pensions à ces hommes que nous ne connaissions pas, qui se traînaient, tout petits, désarmés, affamés, dans ce terrible désert, et *on avait pitié*.

« Sur le deck, Samoïlovitch, Oras, Erchov, le

chef mécanicien, le vieux Hoel, vous savez, le Norvégien, et d'autres, discutaient à voix basse. On remonta vers eux. On tendit l'oreille, vous comprenez. Un des journalistes, T..., descendit de là-haut, en marmonnant :

« — C'est fini, c'est fini.

« Il était très énervé et il avait l'air d'un homme saoul.

« Ça nous fâcha.

« — Quoi ? Qu'est-ce qui est fini ?

« Il passa sans répondre. Il s'engouffra dans le vestibule des premières.

« Un des nôtres, un jeune, cracha.

« A la fin, le camarade Samoïlovitch, et Tchoukhnovsky, et Oras, décidèrent qu'on attendrait un coup de vent.

« Il n'y avait pas autre chose à faire ».

La banquise subit en effet des tempêtes soudaines et de grandioses débâcles dont le bon navigateur doit savoir profiter.

*

Le 4 juillet, ils étaient à la même place. Et sous un ciel pur. Plusieurs groupes, chaussant des skis, se dispersèrent aux environs du navire. Bérezkine, le seul officier de la marine de guerre soviétique qui soit à bord, s'occupe à prendre des fonds pour ne pas perdre son temps. « Les cartes de ces parages sont détestables. On ne sait jamais sur quoi l'on va tomber. Les profondeurs varient de 500-600 mètres à ...3 ou 4, et moins... Peut-être aurons-nous rendu quelques services... » Il sourit, Bérezkine. Il n'a pas du tout l'air d'un matamore. Blond, bon enfant, timide. Mais tenace. Il a besoin d'aides pour dérouler le fil de fer de sa lourde sonde. Il entraîne l'ami T..., correspondant de la *Pravda*, qui ronchonne. « Un supplice, cette manivelle »... Allons, allons, du calme. Le point est fait et Bérezkine compte à cet endroit 56 sagènes, plus de 118 mètres. Vite, il porte ce chiffre sur la carte.

On a découvert dans le *pack*, dans les *toross* (amoncellements de glaçons qui se chevauchent), quelques compagnies de canards, gris et noirs. Srednevsky, médecin du bord, en tue un. Trop méfiants, ces canards.

Dans l'après-midi, après dîner, le commandement accorde à l'équipage un demi-verre de vodka, pour soutenir le moral. Le moral ne tarde pas à prendre le dessus. On chante. Et en avant les guitares, la *balalaïka*, l'accordéon.

Sur le *Krassine*, nous avons des virtuoses. Mais cela n'a rien d'extraordinaire. Le peuple russe est musicien, il a le génie de la musique.

Les scaphandriers ont essayé, vers huit heures du soir, de toucher l'hélice endommagée. Impossible. Ils ne peuvent que certifier l'avarie.

Journée du 5. Perdue comme la veille. Le professeur Samoïlovitch, assisté par son ami Hoel, fait une conférence. Il parle d'un cimetière russe qui existe au Spitzberg, depuis des temps très anciens, et d'un crime que commirent des matelots, et qui ne fut découvert que longtemps après, par la confession publique d'un mourant. On entend ça avec plaisir, comme un morceau de feuilleton.

Le 6 juillet, enfin, du vent a soufflé et la banquise s'est amollie. Elle est friable. On avance. On cherche un « terrain » à peu près praticable pour l'avion.

Vers onze heures du matin, on discerne un grand champ de glace et de neige, d'une surface à peu près égale, environ deux kilomètres carrés.

Mais « il fallut sept heures pour se frayer, à travers les glaçons qui bouillonnaient en mottes bleues sous l'étrave, une route de deux milles qui

menait à ce champ. Le *Krassine* fut obligé de revenir plusieurs fois à l'assaut de la banquise. Enfin
il arriva tout près du champ visé et s'enfonça légèrement dans la bordure. »

Un bon « aérodrome ». Tchoukhnovsky est content. On va pouvoir descendre sa machine. Il faut
construire un plan incliné, partant de l'échafaudage où repose l'avion, sur le pont, gagnant la glace
et se prolongeant par des poutres sur une centaine
de mètres. Vous imaginez ce travail...

« En quelques traits, tel était l'aspect de ce pré-
tendu aérodrome : un champ de glace couvert de
neige d'un mètre d'épaisseur, par endroit beaucoup
moins épais (jusqu'à 10 centimètres), coupé de
vagues de neige, de petits monticules et aussi
simplement de glaçons ; par ci par là, quelques
fissures étroites et un grand nombre de trous dans
la neige d'une profondeur de 50 centimètres, couverts d'une couche légère de glace et de neige,
et par conséquent ne pouvant pas être remarqués
le plus souvent. On voit que, dans ces conditions,
le départ et l'atterrissage étaient particulièrement
difficiles ».

*

Le *Krassine* est à 20 milles marins de l'île Charles XII.

Des mouettes virent et crient sur le navire. Elles sont d'une étincelante blancheur. En norvégien, on les appelle les *oiseaux d'ivoire*.

Le 7 juillet, on a descendu l'aéroplane sur ses patins. On lui porte ses ailes, on les attache, on les raidit.

C'est une machine à trois moteurs, de 300 chevaux chacun, qui enlève 450 kilos de benzine. On remplit les réservoirs.

Entre temps, un des chauffeurs a réussi à tuer un phoque de 50 kilos. On dépouille la bête : elle est grasse. C'est ennuyeux de laisser se perdre toute cette matière animale, bien qu'elle ne soit guère appétissante. Le cuisinier de la « deuxième classe » prend le foie, et le fait frire, au beurre, avec de l'oignon. Et c'est excellent. Tchoukhnovsky, qui passe par là, en demande pour « la première classe » un morceau. Approbation générale.

*

Depuis la veille, les aviateurs, les journalistes
et des chauffeurs s'occupent à *peindre la neige* :
oui, sur le « terrain », ils marquent en jaune, avec
de la peinture à l'huile, les bornes de « l'aérodrome ».

Le dimanche 8 juillet, à 10 h. 30, Tchoukhnovsky
fit un vol d'essai qui faillit se terminer par un
malheur. Il ne plana que vingt minutes. Quand
il voulut se poser, il sentit une résistance. Un de
ses patins, heurtant une pointe, avait basculé,
s'était redressé verticalement, et l'aile de l'avion
chavirait sur la glace. Tchoukhnovsky a du sang-
froid. Il reprit de la hauteur. Il parvint à descendre
sur son patin de gauche et à s'arrêter doucement,
presque normalement. L'émotion du bord avait
été forte. Le docteur Srednevsky accourait déjà.

Un brouillard tomba sur le *Krassine*. Il y avait
eu 5 degrés de chaleur à midi. Il y eut, le soir, un
degré au-dessous de zéro.

Pour fêter ce premier vol, on versa un demi-verre
de vodka aux hommes, « à chaque frère ».

Le lundi 9 juillet, le *Krassine* ne pouvait marcher

et l'envol de l'avion était impossible. On n'en travailla pas moins aux préparatifs. Le patin de droite fut rafistolé et remis en place.

Le second, qui n'avait jamais revêtu la cuirasse du scaphandrier, descendit voir l'hélice de bâbord. On lui fit la leçon : comment respirer, comment donner des signaux, comment marcher, et il s'enfonça dans l'eau glaciale. Il constata que l'avarie était irréparable ailleurs que dans un chantier.

Les hommes tiraient aux mouettes. Le camarade L. passa la nuit à en empailler quelques-unes. Toute la nuit blanche, Il s'oublia tellement à ce travail qu'il alla demander la soupe du soir à l'heure du petit déjeuner, le lendemain matin.

Nous sommes arrivés au 10 juillet.

Voici des événements.

Que nos amis de l'U. R. S. S., si jaloux de leurs informations, veuillent bien nous excuser ! Quelques heures avant eux, avant l'expédition des documents officiels et personnels, nous avons pris copie d'un journal de bord, rédigé par le camarade L., électricien du *Krassine*, dont nous allons donner, pour ces journées historiques, la fidèle et intégrale traduction.

Nous avons eu entre les mains un manuscrit de

155 pages, cahier oblong, reliure verte et tranche
rouge.

L., — mais pourquoi ne pas le nommer, puisqu'il
nous autorise à le citer, — Lehman (Martin),
43 ans, qui a fait le tour du monde, a noté, jour
par jour, heure par heure, ses observations. Nous
l'avons trouvé trop discret. En le complétant, en le
critiquant, en le corrigeant par des témoignages,
nous allons avoir le récit exact, le procès-verbal,
naïf, modéré, mais indispensable de faits que
nous, moins embarrassé, moins lié, nous affirmons
et expliquerons en toute conscience.

« TROIS HOMMES SUR LA GLACE... »

A ceux qui voudraient révoquer en doute l'authenticité de ce document, nous déclarons que nous avons poussé le scrupule jusqu'à reproduire dans notre copie les fautes de langue et d'orthographe que commet Lehman (c'est un Letton). Naturellement, nous n'essayons pas de donner l'équivalent de ces fautes dans la traduction. Lehman ignore à peu près totalement les moyens de la ponctuation. Nous coupons ses phrases. Mais nous le suivons exactement dans ses redites, dans ses apparentes contradictions, et nous ne supprimons aucun des passages où il semble nier ou ignorer ce que d'autres témoins oculaires ont raconté.

Lehman n'a pas tout vu, il ne pouvait tout voir. Il avait son travail à faire. Et puis il a gardé de la *discipline* d'esprit une conception allemande qui n'est pas toujours celle des Russes. L'enquêteur doit tenir compte de cela.

*

JOURNAL DE LEHMAN

« *Mardi, 10 juillet.*

« Le temps commence à s'éclaircir. Nos aviateurs et leurs mécaniciens se disposent à voler aujourd'hui. Mais le temps est tout de même douteux et changeant. Malgré tout, à 4. h 25, ils étaient prêts et se sont envolés dans la direction du nord. Ils étaient cinq sur la machine, deux aviateurs, deux mécaniciens et l'opérateur de ciné. Ils se sont éloignés très rapidement, et bien que sur l'horizon, tout soit clair, nous les avons perdus de vue une demi-heure après, même à la jumelle, parce qu'un épais brouillard, venant de notre côté, nous les cachait ; et ils se perdirent à nos yeux. »

Corrigeons. D'autres témoignages importants ne concordent pas avec celui-ci. La brume sur le *Krassine,* était telle que les chefs de l'expédition hésitèrent à autoriser le départ. Tchoukhnovsky

L'ÉQUIPAGE DU " KRASSINE ".

insista énergiquement. Il fit valoir les prévisions
météorologiques de Bérezkine, annonçant un vent
très fort qui soufflerait bientôt et gênerait au décollage. (Bérezkine ne se trompait pas). Le départ
dans ces conditions, fut émotionnant. On n'apercevait rien de clair à vingt mètres de soi. L'aéroplane disparut en quelques secondes, et non pas
en une demi-heure. Lehman n'a pas vu le décollage,
ou bien a gardé du temps écoulé une impression
fausse.

Il y avait cinq hommes sur l'avion. Tchoukhnovsky, premier pilote, et Straube, second ; Fédotov, mécanicien, le mécanicien Chélaguine et
Blumstein, opérateur de ciné. Le chef menait et,
sur chaque bord, deux hommes devaient explorer
à la jumelle les étendues. L'appareil emportait des
vivres, des fourrures, des bottes de feutre, des
fusils et des cartouches.

✳

Lehman (suite) : « Nous avons établi la liaison
avec eux par radio. Ils nous font savoir que, dans
l'endroit où ils volent, il n'y a pas du tout de brouillard, et qu'*ils ont découvert sur les glaces un groupe*

de TROIS HOMMES, mais on ne sait pas si c'est le groupe de Malgrème *(sic !)* qui s'est séparé du groupe Nobile et est allé seul chercher la terre, ou bien si c'est le groupe d'explorateurs qui est parti, avec des chiens et des traîneaux, du vapeur norvégien *Braganza*, et qui s'est tout à fait perdu. »

Il est évident qu'à bord du *Krassine*, les commentaires vont leur train. L'impression produite par le message de Tchoukhnovsky fut formidable.

« Nous voyons TROIS HOMMES SUR LA GLACE ».

Un des hommes *était couché*. Les deux autres, debout, agitaient des chiffons.

Blumstein filmait.

Il faudrait voir ce film. Le verrons-nous ?

Nous pensons qu'à ce moment, le 10 juillet, *il n'y avait plus trois hommes*, sur la glace, mais *deux*, Mariano et Zappi.

Tchoukhnovsky et ses camarades se sont trompés.

Pourquoi ? Comment ?

Voici :

Ce jour-là, les survivants du groupe Malmgreen n'avaient plus rien à manger. Ils avaient disposé près d'eux, sur leur glaçon, *un pantalon*, espérant que les goélands qui s'abattent sur les cadavres se prendraient à ce leurre. Sur ce pantalon, ils avaient placé un engin : une sorte d'hameçon, découpé dans le fer-blanc d'une boîte à conserves, retenu par un fil et amorcé d'un tout petit morceau de pain.

Est-ce ce pantalon que nos aviateurs, volant haut, ont pris pour un homme couché ? Le saurons-nous par ce film [1] ?

Il est probable que *Malmgreen, le* 10 *juillet, n'existait plus.* Sur ce point, Zappi et Mariano se mettront volontiers d'accord avec nous.

Quant au groupe parti du *Braganza,* nous le retrouverons plus loin.

Pensez une seconde, lecteur, à l'émotion du télégraphiste qui nota, lettre à lettre, ce message

« Nous voyons *trois hommes...* »

*

Tchoukhnovsky avait préparé la lettre suivante: pour la jeter au groupe Viglieri qu'il espérait découvrir d'abord :

« Au nom du Comité soviétique d'aide à l'expé-

1. De récentes déclarations de Tchoukhnovsky auraient confirmé cette explication, la seule possible. — *M. P.*

dition Nobile et au nom de l'équipage du *Krassine*, l'aviateur Tchoukhnovsky est heureux d'adresser aux aéronautes de l'*Italia* ses salutations les plus cordiales.

« L'aviateur Tchoukhnovsky qui dirige le Junker à trois moteurs, sur skis, a l'intention d'essayer, dès que les conditions météorologiques le permettront, de se poser à proximité du groupe et d'en embarquer aussitôt les membres qui voudront bien préparer et exposer les signaux indiquant l'endroit le plus convenable pour la descente, l'étendue et l'épaisseur de la glace. Le lieu le plus convenable pour l'atterrissage doit être indiqué par un signe montrant par sa situation que le vent souffle contre le *poteau* indicateur (?), l'avion devant descendre contre le vent. »

*

Quand le mécanicien et observateur Chélaguine aperçut le « groupe Malmgreen », il ne discerna en réalité que « des silhouettes ». Il voyait bien « trois hommes ».

« Un était juché sur un haut glaçon très pointu, le second étendu auprès de lui, et le troisième couché à une certaine distance sur un glaçon séparé d'un monticule par un petit trou d'eau dans la glace. Le glaçon sur lequel se trouvait le groupe était si peu étendu et entouré de tant de grands trous d'eau, qu'il était absolument impossible de laisser tomber là-dessus les vivres et les vêtements destinés au groupe.

« Ayant décrit quelques cercles, au-dessus du groupe, l'avion lui fit comprendre qu'il l'avait remarqué, et s'en fut vers le *Krassine*. »

*

Qu'il ne put rejoindre.

Lehman (suite) : « Nos aviateurs ont de la benzine de quoi voler dix heures et des provisions pour trois mois. Mais s'ils sont obligés de descendre, ils risquent d'y rester pour toujours, parce que la glace est toute en arêtes, et qu'en se posant ils peuvent se briser, ou que, du moins, ils ne pourront plus remonter en l'air ».

Lehman dut écrire ces lignes au moment où l'on venait d'apprendre que Tchoukhnovsky cherchait en vain à rejoindre le *Krassine* et son « aérodrome ». Il s'était perdu dans le brouillard, sur le chemin du retour. Il tournait dans les airs. C'est pourquoi l'on se dit, à bord, qu'il a « de la benzine pour dix heures ».

Nos aviateurs n'avaient de provisions que pour *quinze jours*.

Branle-bas.

Lehman : « Sur le bateau, tout le monde est très inquiet, et on prend toutes les mesures, comme de faire une grosse fumée par les cheminées ; pour cela, on verse de l'huile dans les foyers, on y jette des chiffons, pour que ça fume davantage. J'ai même grimpé à la hune et allumé le plus gros projecteur. Bien que la journée soit claire, le brouillard s'épaissit de plus en plus. On a reçu un radio comme quoi notre avion, d'après leurs calculs, est arrivé jusque sur l'endroit où se trouve notre brise-glace, mais, par suite de l'épaisse brume, les nôtres ne voient pas où se poser. Alors, nous avons eu l'idée d'élever sur la glace un énorme bûcher, pour que, par la fumée et la flamme, l'avion trouve où se poser. Et tous se sont mis à porter sur la glace des caisses vides, des barils à huile, et tout un bric-à-brac de vieilles choses inutiles. Et on a élevé, au milieu du champ de glace, un immense bûcher. On y apportait du navire de pleins seaux de goudron, et on versait ça sur le bûcher. Et

même deux barils d'huile à machines usagée qu'on
avait recueillie dans la cale. Et on a fait partir
diverses fusées de signaux. Mais tout ça n'a servi
à rien, et une heure à peu près plus tard, nous
recevons un radio comme quoi l'avion, ne trouvant
pas dans le brouillard notre endroit d'escale,
cherche à se poser près des Sept-Iles qu'il a aperçues
dans la brume. Alors nous avons cessé de jeter des
choses au bûcher, dont les restes ont flambé jusqu'au matin. Notre position, ce 10 juillet, est la
suivante : 80° 53' 8'' de latitude septentrionale et
23° 27' de longitude à l'est de Greenwich, à environ
57 milles de l'ancien groupe de Nobile, que nous
venons sauver. Nous avons été chassés par le courant et le vent, en onze heures, sur trois milles,
bien que nous ayons jeté sur la banquise deux ancres
à glace ».

L'avion de Tchoukhnovsky était muni de deux
appareils d'émission : un pour le vol et l'autre, dit
« d'avarie », avec prise de terre.

Ce dernier nécessitait un montage assez long.
Aussi Lehman exprime-t-il trop brièvement l'an-
xiété de l'équipage du *Krassine* : pendant trois
heures au moins (d'après Samoïlovitch), on ne sut
absolument rien du sort de l'avion.

Enfin Tchoukhnovsky parla. Il donnait très exactement l'indication du point où il avait aperçu « trois hommes », décrivait l'aspect général de la banquise, disait qu'il avait atteint un rivage, le cap Wrede, et *priait les chefs de ne pas s'occuper de lui.* Samoïlovitch embrassa le télégraphiste qui lui apportait ces nouvelles.

« Nous comprenions fort bien, dit Oras, que c'était de l'héroïsme. Pour juger de cela, il faut avoir vu. Nos hommes, rassemblés, crièrent qu'il n'était pas permis de laisser un camarade en danger. Tous aimaient beaucoup Tchoukhnovsky. Cependant, nous nous décidâmes à accepter la solution que nous proposait notre vaillant éclaireur ».

*

Lehman : « *Mercredi,* 11 *juillet.*

« De bonne heure, ce matin, nous avons reçu une triste nouvelle : notre avion, en se posant dans le brouillard, à vingt-cinq milles de nous, près des Sept-Iles, a eu deux de ses hélices brisées et une avarie à son fuselage. Tous sont sains et saufs, ils ont des armes et des cartouches, ils pourront subsister d'une façon ou d'une autre, mais ils ne peuvent nous revenir, ils doivent attendre qu'on vienne les sauver et l'aéroplane est à la merci du sort.

« Dès le matin, nous avons ramassé sur l'aérodrome tout ce qui y restait d'effets ou de matériaux, nous avons démonté les échafaudages établis pour la descente de l'avion, et à dix heures, nous avons repris notre marche sur la banquise, vers le groupe Nobile [1], vers ces trois hommes dont Tchoukhnovsky nous a parlé par radio et qu'il a vus sur un glaçon flottant, à six milles de l'île Charles XII, à l'est. Nous faisons route de ce côté.

« Il nous reste de charbon, d'après le capitaine, 1.700 tonnes. Egghi est décidé à avancer jusqu'au moment où il ne nous restera plus que 1.000 tonnes de combustible pour le retour à King's Bay (la Baie du Roi) au Spitzberg.

« Nous marchons bien. La glace est de plus en plus faible, mais elle flotte par gros morceaux, de formes diverses, et elle est sale, pleine de sables et de varechs... »

---

1. Lehman continuera à appeler indistinctement « groupes Nobile » les deux groupes italiens que sauva le *Krassine* le 12 juillet. On sait qu'alors le général Nobile, qui s'était fait sauver avant son état-major et son équipage, par l'aviateur suédois Lundborg, se remettait de ses fatigues et de ses émotions à bord du *Città-di-Milano*. — M. P.

LA CHASSE A L'OURS

Lehman, tu as manqué ta vocation. Tu étais né
pour consigner en éphémérides, en annales et en
fastes les gestes et les paroles de tes contemporains.
Tu as la sérénité idéale d'un grand historien. Le
cours de ta pensée s'ajuste, imperturbable, au cours
des choses. Le don de la critique n'est pas le tien,
et c'est dans une insuffisance que tu puises ta soli-
dité. Tu vois et tu dis. Ce que tu n'as pas entièrement vu (il faut être un monde ou un dieu pour
voir toute chose sous ses multiples faces), tu le
rapportes en philosophe réaliste, qui n'a pu prendre
les faits que par approximation, et ne le cache pas.
Tu écris parfaitement en n'écrivant que pour toi.
Tu te soucies peu des curiosités et des impatiences
de ton lecteur, et ta négligence, ton dédain du
procédé, ta sévère soumission aux lois de la chro-

nologie, en un mot : ton incapacité totale à com-
poser et à styliser, réussissent naturellement des
effets que chercherait longtemps et n'obtiendrait
pas, peut-être, un malin du journalisme.

*

Au moment où le *Krassine*, guidé par les indications de Tchoukhnovsky, s'avance dans le désert
polaire, cherchant trois ombres, le 11 juillet,
Lehman va nous raconter, tranquillement, une histoire de chasse. En cela, je trouve la *simplicité*
de pensée et d'action du *Krassine*. On ne joue pas
aux pompiers qui veulent effaroucher les taxis.

« Tout à coup, à six heures du soir, quelqu'un,
descendu du pont, entre en coup de vent dans
notre réfectoire, en criant : « Venez ! Il y a des ours ! »
Tous laissent là leur dîner, se saisissent de leurs
fusils et montent en vitesse. Je cours aussi : je ne
suis pas arrivé à l'avant, par tribord, que j'entends,
à bâbord, une fusillade désordonnée. Tire qui
en a envie, et tous crient à gueule-que-veux-tu.
Pas loin de notre avant, devant nous, un peu à
droite, à quarante pas, sur les glaçons amoncelés,

est assis un grand ours, déjà blessé. Autour de lui
tournent, effrayés, deux jolis oursons. J'apprends
que notre bateau est tombé sur toute une famille
d'ours : une vieille femelle, qu'on a blessée à la
cuisse droite, un vieux mâle, que, personnellement,
je n'ai pas vu et qui a réussi à se sauver et à disparaître dans le pack, et enfin deux jeunes, mais
déjà de belle taille, qui se distinguent peu de la
vieille femelle. Ceux-ci, voyant approcher notre
bateau, se sont détachés de leur mère qui, blessée,
s'était assise. Sur la banquise, on a jeté l'échelle de
corde et tous nos chasseurs, avec des skis, armés de
leurs fusils, se sont élancés. Mais comme la glace
était très accidentée, les skis n'ont pu servir.
Et tous, lâchant les skis, se sont dispersés, courant
vers l'ourse blessée. Et elle, voyant les hommes
qui approchaient, et rassemblant ses dernières
forces, s'est levée et essaie de fuir entre les monticules de glace et de disparaître. Mais on ouvre de
nouveau sur elle une fusillade enragée, et quelqu'un
l'a encore blessée, d'une balle dum-dum, au flanc
droit, si fort que les boyaux sont sortis par la bles-
sure. Malgré quoi, elle s'est assise et, tournant la
tête vers ses ennemis, se disposait à se défendre.
Mais un des nôtres, s'approchant tout près, lui

a logé dans le cou une balle qui est ressortie de l'autre côté. Et l'ourse s'est couchée. Notre chasseur, courant à elle, l'a achevée à coups de crosse. Et les oursons, pendant ce temps, ont réussi à s'éloigner pas mal, et, se poussant l'un l'autre, allant côte à côte [1], partaient, par les glaces flottantes, de plus en plus loin. Mais les nôtres, avec leurs fusils, les poursuivaient. Le professeur, du haut du deck, crie qu'il ne faut pas tirer sur les oursons, mais qu'on doit les prendre vivants. Mais les oursons se dressent sur leurs pattes et, en rugissant, se lancent sur le chasseur qui est le plus près. Le chasseur s'était débarrassé de sa pelisse et n'était plus qu'à vingt pas d'eux. Il sauta en arrière, n'ayant plus de cartouches, et tomba dans une flaque profonde. Les autres, voyant que les oursons allaient échapper, ne purent pas y tenir et ouvrirent le feu sur eux. Mais sans succès. Les oursons, non blessés, *se défilèrent.* Car du bateau partaient déjà des appels de la sirène, ordonnant à leurs persécuteurs de revenir à la « *boîte* ». (Ils ont aussi ce mot : *korobka).*

A Stavanger, nos enragés chasseurs regrettaient

---

1. Les oisillons de La Fontaine... — *M. P.*

encore d'avoir raté les oursons, « par la faute du professeur ».

« L'ourse tuée fut roulée sur un prélart, et traînée vers le bateau. Et on la monta à bord. Et on la dépouilla. Elle était très grasse et assez lourde, d'environ 12 pouds (ou 200 kilos). »

En Russie, on mange parfois du jambon d'ours. L'ours polaire a un gros défaut : il pue le poisson.

LE GROUPE MALMGREEN.

DÉCOUVERTE DU GROUPE
DIT « DE MALMGREEN »

Même jour, 11 juillet, *Lehman* :

« A dix heures du soir, nous sommes arrivés à l'endroit où, d'après le radiogramme de notre avion, ils ont vu sur une glace flottante trois hommes. Et tous se sont mis à regarder avec une grande attention les immenses champs de glace.

« Au tableau d'affichage, il y a un avis des correspondants de nos journaux, annonçant qu'une prime de 100 roubles sera versée par eux à l'homme de l'équipage qui découvrira le premier quelqu'un sur la glace, à l'horizon ; et le chef de l'expédition de son côté, a promis d'ajouter à cette somme encore 25 roubles ». (100 roubles, c'est plus de 1.200 francs).

« Alors on peut dire que ç'a été une vraie chasse,

non plus à l'ours, mais à l'homme, et plusieurs
dizaines de paires d'yeux se sont mouillées plus
d'une fois. Le temps est couvert, pas ensoleillé,
mais la visibilité est bonne. Mais tous sont fatigués et sont bientôt allés se coucher ».

Texte du correspondant Chpanov :

« Une chaîne de jumelles et de longues-vues,
observant minutieusement chaque iceberg, chaque
glaçon, encerclait le pont du navire. Que de fois
nous entendîmes alors le cri : « Regardez !... Voilà
des gens ! » Ce n'étaient que des sommets ombragés
de glaçons... »

*

Il n'y avait pas d'aube, en cette saison, mais
à l'heure de l'aube, le soleil apparut dans toute sa
splendeur.

Il était 4 heures et demie.

Le pilote de service était Brenkopf.

Le *Krassine* grondait et concassait la banquise.

Brenkopf aperçut à l'horizon un point noir qui
bougeait.

Il prit la longue-vue.

Un morse, peut-être ?

Oui, une tache noire qui bouge... des bras, dirait-on, des bras tendus...

A trois milles...

Revenons au journal de Lehman :

« *Jeudi, 12 juillet. Bulletin du 12 juillet. Première victoire du* Krassine.

« Ce matin, à 5 heures, le pilote de quart Brenkopf, de la passerelle, a distingué le groupe Malgrème *(sic)*.

« Vers 7 heures, le brise-glace s'est approché d'un glaçon sur lequel se trouvaient des hommes. A une distance d'environ 200 mètres, sur un petit glaçon de dix mètres au plus de diamètre, se tenait debout un homme ; un deuxième était étendu sur la glace et levait seulement la tête de temps en temps. Ces hommes se trouvèrent être les membres du groupe Malgrème *(sic)*, Zappi et Mariano, tous deux officiers de la flotte aérienne italienne. »

Ici, nous fermons le journal de Lehman, que nous reprendrons ensuite au même point. Il importe de préciser avec d'autres témoignages toutes les circonstances de cette rencontre.

Correspondance de Chpanov :

« A .5 heures, le second lieutenant, Brenkopf,
aperçut dans le désert blanc infini un point qu'après
nombre de critiques et de contestations, tous les
concurrents pour la prime reconnurent être un
corps humain. On s'entendit à grand'peine à admet-
tre que l'on voyait en effet, derrière la crête d'un
petit glaçon, un corps humain jusqu'à la taille,
agitant les bras de temps à autre. On voyait cette
silhouette au loin, sur la droite du navire, à environ deux milles. Sur des eaux libres, il eût fallu dix
minutes pour atteindre ce point. Sur la mer de
glace où nous étions, il nous fallut trois heures de
travail intense pour y arriver. A mesure que nous
nous en approchions, la certitude devint de plus
en plus grande qu'il s'agissait en effet d'un homme
au sommet du glaçon. Ce ne fut qu'à une très courte
distance que nous aperçûmes quelque chose de
sombre qui dépassait et se soulevait par moments,
sur le flanc d'un autre glaçon. C'était indubitable-
ment une tête d'homme. Le premier personnage,
debout, portait de temps en temps une jumelle à
ses yeux, et puis agitait les bras. Le glaçon sur
lequel se trouvait le groupe était tellement petit
qu'il fallut, en s'en approchant, prendre mille

L'AVION DE TCHOUKHNOVSKY DESCENDU SUR LA GLACE

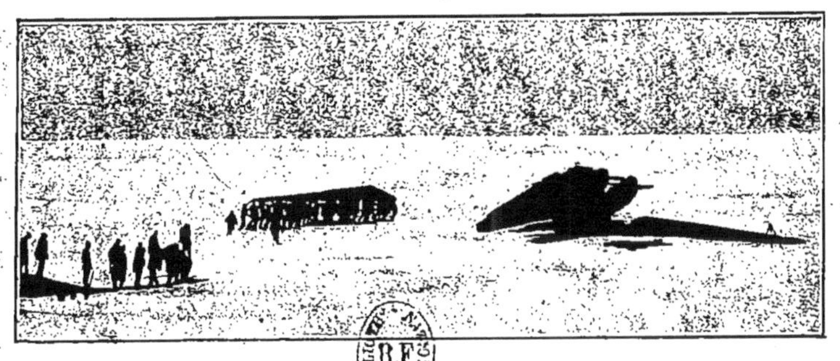

LE MONTAGE.

précautions pour éviter un choc et la pression des glaçons voisins. »

Le glaçon sur lequel se trouvaient *deux* hommes (et non trois), Zappi et Mariano, était de forme arrondie, ovale ; il se composait de plusieurs morceaux dont l'adhérence n'était pas sûre. En effet, *un de ses navigateurs l'avait enserré, à plusieurs tours, d'une corde, pour maintenir les morceaux ensemble.* Le temps était assez doux, et la glace fondait sur l'eau salée ; le *Krassine* ne put trop s'approcher des rescapés, on craignait de les faire chavirer. On jeta des planches de glaçon en glaçon pour aller à eux. (Sur les dimensions du morceau qui portait Zappi et Mariano, il y a désaccord ; certains nous ont parlé de deux mètres seulement de diamètre).

Vers eux couraient, sautant de planche en planche, Vaganov et Philippov, mécaniciens, le docteur Srednevsky, Ivanov, secrétaire de l'expédition, et d'autres hommes.

LE SAUVETAGE... ET LE DOSSIER
D'UN PROCÈS MORAL

Ceci n'est pas un réquisitoire.

Procès-verbal, simplement.

Si des faits se présentent qui, plus tard, pour-raient servir à la défense de l'accusé Zappi, nous allons les enregistrer comme les autres.

Par exemple, nous avons déjà dit que les aviateurs s'étaient probablement trompés quand ils ont cru, le 10 juillet, apercevoir *trois* hommes sur le glaçon. Nous attendons le film. Nous avons dit aussi que les hommes du *Krassine* qui, les premiers, accoururent vers les deux Italiens, ont apprécié différemment les dimensions du glaçon qui portait ces derniers. Nous savons qu'un avocat ne manquerait pas d'argumenter sur ces erreurs de jugement pour tenter de démolir l'accusation.

Voilà des gages de bonne foi. C'est ainsi que nous entendons le métier d'informateur.

Cela ne veut pas dire que nous n'avons pas d'opinion.

Nous en avons une, et c'est une conviction absolue, qui s'est de plus en plus fortifiée au cours de notre enquête.

Si l'on ne peut démontrer pleinement les faits d'assassinat et d'anthropophagie, tout prouve que Zappi a commis une tentative d'assassinat (sinon deux).

Zappi est un assassin.

Nous appelons assassin celui qui a voulu tuer, consciemment, avec préméditation, dans un but intéressé, et qui, dans ce dessein, a fait usage de sa force ; celui qui, étant le plus fort, a lâchement abusé de sa supériorité physique et donné toute la mesure de son inavouable égoïsme.

Il est assassin quand bien même sa tentative n'aurait pas réussi.

En outre, si la tentative et la préméditation sont prouvées dans un cas, nous sommes fondés à tenir compte des présomptions d'assassinat en un cas précédent.

Nous ne négligerons pas d'examiner le moral de l'accusé.

Notre conviction sur le cas Zappi est absolue et nous n'écririons jamais pareille accusation à la légère, même pour accabler un officier fasciste.

Maintenant, nous allons prendre la suite des faits, noter les gestes et les paroles ; nous grouperons ensuite *les preuves certaines* et les preuves secondaires, moins indiscutables.

*

Donc, le 12 juillet, vers quatre heures et demie ou cinq heures du matin, le pilote Brenkopf a aperçu à trois milles marins (cinq kilomètres et demi) environ, un point noir qui s'agitait, sur l'immensité blanche. Les Italiens doivent sans doute leur salut à ce fait, que, ce matin-là, le soleil était magnifique. Pas un voile de brume. La longue-vue portait bien. Dans le grand silence de ce désert, les coups du *Krassine* sur la banquise retentissaient puissamment. Brenkopf tira sur la corde de la sirène :

« Ce fut, dira plus tard Mariano, la plus douce musique que j'aie jamais entendue »... Mais Mariano n'avait pu se lever. C'était Zappi qui répondait des deux bras, aux sauveteurs.

Samoïlovitch, Oras, Ivanov montaient, quatre à quatre, l'escalier du deck. Les hommes se répandaient sur le pont. Le docteur réclamait la civière. On apportait des cordes, des planches.

Vers sept heures, le *Krassine* s'arrêtait, l'équipe de secours descendait en hâte, par l'échelle de corde, se faisait un chemin vers les rescapés, Vaganov et Philippov en tête, Ivanov et Srednevsky derrière eux.

Voici ce qu'ils trouvèrent :

Sur le glaçon, partiellement désagrégé et consolidé par une corde, un homme « bondissait frénétiquement » : Zappi. La face jaune et noire, barbue, graisseuse, les yeux étincelants. Les mains tendues, frémissantes.

Zappi était couvert de vêtements épais. *Il portait trois costumes : le sien, linge de corps, flanelle et fourrure, puis la fourrure et les chaussettes de Malmgreen et enfin les vêtements de dessus de Mariano, et ses chaussettes ; au total, trois paires de chaussettes, et des mocassins en peau de phoque.*

Quand le *Krassine* arriva près d'eux, Zappi avait crié : « Stop ! » d'une voix éclatante.

Le glaçon était protégé du vent, d'un côté, par un petit contrefort. Sous cet abri gisait Mariano.

Il était dépouillé de tout vêtement chaud, en chemise, en culotte courte, tout cela très mouillé, et les pieds nus sur la glace. Pas la moindre chaussure.

Température très légèrement au-dessus de zéro.

Au milieu du glaçon, sur une cavité, il y avait une couverture de laine trempée, et le pantalon, dont nous avons parlé, pour la « pêche » aux goélands.

Correspondance de Chpanov, *censurée* par l'autorité soviétique :

« Un des deux rescapés, Zappi, s'élança avec une telle précipitation vers le navire qu'on n'eut même pas le temps de le soutenir sur les planches et échelles qui joignaient les glaçons et qu'arrivé tout près du bateau, il grimpa tout seul l'échelle de corde si peu commode.

« Un peu plus loin que le glaçon où nous trouvâmes Zappi et Mariano, un pantalon d'été était étendu sur la glace.

« Il est intéressant de parler des vêtements des Italiens retrouvés.

« Outre le complet d'été ordinaire dont était muni tout l'équipage de l'*Italia*, Zappi portait, au moment où nous le recueillîmes, un autre pantalon chaud et deux complets de linge également

chaud ; il avait aux pieds deux paires de chaussettes d'hiver, des chaussures en cuir, genre « mocassins » et des enveloppes faites de morceaux de couverture.

« Quant à Mariano, qui fut recueilli dans un état
tel que, selon les déclarations de notre médecin,
il n'eût pas vécu plus de vingt-quatre heures sans
secours, il ne portait que le costume ordinaire,
d'été ; de plus, son pantalon était complètement
déchiré au-dessus des genoux, à tel point que les
jambes nues étaient visibles à travers les trous.
Aux pieds, il n'avait qu'une paire de chaussettes
tout à fait déchirées. Un de ses pieds était tellement gelé qu'il fallut l'amputer par la suite. »

On voit que, selon la version officielle du gouvernement soviétique, qui ne veut pas se montrer
agressif à l'égard du gouvernement de Rome, le
tableau, quoique atténué, est déjà vilain.

Mais nous, d'après les multiples témoignages
que nous avons scrupuleusement rassemblés, nous
disons plus fort :

*Zappi portait les vêtements de Malmgreen et ceux
de Mariano.*

Et si l'officier Zappi nous opposait un démenti,
nous imprimerions sa protestation. Mais nous le

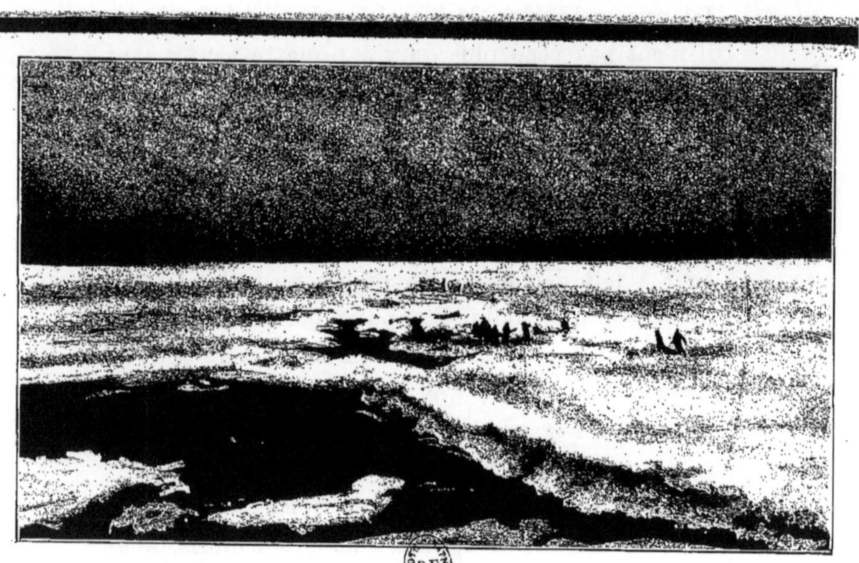

UNE ÉQUIPE DU "KRASSINE" S'AVANCE EN HATE VERS ZAPPI ET MARIANO

défions bien de dire quoi que ce soit à ce sujet :
cinquante paires d'yeux l'ont vu grimper, vigoureux, chaudement habillé, *en trois costumes*, l'échelle
du *Krassine*, et ont vu remonter en civière son
compagnon Mariano, à demi nu, du terrible pack.

D'ailleurs, les éléments de ce procès moral ne
sont pas épuisés. Continuons.

*

Sur un glaçon voisin, qui s'était séparé et éloi-
gné d'eux, Zappi avait disposé de grosses lettres
découpées dans un morceau de bâche qui eût pu
leur servir de tente : trois mots :

« *PLEASE HELP FOOD* ».

Prière secourir nourriture...

En effet, quand Tchoukhnovsky, le 10, les vit,
il tourna cinq fois au-dessus d'eux, mais *ne leur
jeta rien* (et ce fut leur salut).

Zappi comprenait bien que l'avion ne pouvait
se poser en cet endroit et les recueillir. Il n'imagi-
nait pas qu'un bateau pût venir jusqu'à eux. Il ne
pensait qu'à manger, à *durer*.

Le correspondant de la *Pravda* vit cette inscription, en lettres de toile, sur la neige, à quelque distance : « Ça me serra le cœur », nous dit-il.

Devant les Russes qui approchaient, Zappi remercia d'abord « le Ciel » par une fervente prière. Ensuite, il tomba à genoux devant Philippov, lui embrassant les jambes, avec exaltation.

Mariano ne bougeait pas. Il regardait seulement.

Zappi sait quelques mots de russe, assez pour s'expliquer. Arrivé devant le bateau, il lut distinctement le nom peint en blanc sur la proue, — *Krassine*, — et cria :

— Hourra, *Krassine !*

Au pied de l'échelle de corde, il se dégagea brusquement de ceux qui le soutenaient et grimpa aux échelons *avec une agilité de singe*. Ceux qui ont l'habitude de cette manœuvre malaisée en furent stupéfaits.

Il fut accueilli et soutenu à la hauteur du pont.

Il voulut marcher seul. Il semblait « braver tout le monde ».

On ne pouvait croire que cet homme n'avait pas mangé depuis treize jours, comme il venait de le déclarer.

« Il était très *solide* », nous dit Vaganov qui,

avec Philippov, l'avait vu des tout premiers. « Un fort animal », nous dit un autre.

*

Mariano était incapable de faire un mouvement. Il ne grelottait même pas. Il était figé. Il n'y avait de vivant en lui que les yeux et la bouche. La bouche avait un sourire immobile « d'enfant bien-heureux ». Les yeux étaient largements ouverts, et « tout pleins de reconnaissance ». On le déposa, toujours inerte, sur la civière. On le porta vers le navire. Il souriait puérilement. Il n'avait pas dit un mot. « Nous le portions comme un objet pré-cieux ». On suspendit la civière à un palan, pour la monter.

« Alors, à mi-hauteur, comme il se balançait un peu, en l'air, il arriva ceci : un souffle tiède, de la cheminée ou d'un hublot, tomba sur lui ; et il sembla revivre, il leva les mains, un peu, faible-ment, des mains qui remerciaient, vers ce premier souffle de chaleur. C'est le premier geste qu'il ait fait sous nos yeux ». Autre témoignage : « Ses mains étaient blanches, comme couvertes d'une écorce blanche. Mais ses pieds étaient d'un noir bleuâtre, de la couleur que fait sur le papier un crayon chimique ». Et tous disent : « Comme il souriait, le pauvre... Il fallait voir... »

On le porta directement à l'infirmerie.

*

Mais on a conduit Zappi au salon — salle à manger. On lui avance un fauteuil. Il s'y asseoit, il s'y étale, il allonge les jambes, il est noir, jaune, hirsute, il a les mains crispées sur le velours vert du meuble, et il fit d'abord :

— Ah ! ah ! ah !

Il ne parlait pas. *Il meuglait.*

Sous les lampes, qui restent allumées dans la journée, ses yeux clignotaient. Il ne regardait personne.

Il éructa enfin :

— *Mangiare !* Manger !

Et il eut un geste horrible : il se mettait les cinq doigts de sa main droite dans la bouche, entre ses dents blanches, d'une éblouissante blancheur, et il se les enfonçait jusqu'à la gorge :

— Ah ! ouah ! ah ! ouah ! ouah ! ouah !

Le docteur faisait préparer du café. Ce fut long

parce qu'on n'en consommait pas à bord et qu'il fallut griller le grain avant d'apprêter l'infusion.

Zappi s'impatientait, se fâchait.

— *Mangiare ! Mangiare !* Ah ! ouah !... (Et les doigts dans la bouche !)

On l'entourait. Il semblait ne voir personne.

Tout à coup, s'accotant sur les bras du fauteuil, il se redressa, glissa son corps vers la table, et, fermant un poing, réclama du papier, de quoi écrire.

On lui tendit un bloc-notes, l'encrier, un porte-plume.

Alors, d'une main ferme, sans hésitation, il rédigea, en militaire, correctement, selon les formes, le rapport sur le sauvetage qui devait être transmis, par radio, à Nobile.

Il détacha la feuille et la jeta sur la table, devant lui.

Puis, se renversant dans le fauteuil, il répéta :

— Manger ! Je veux manger !

On apportait une tasse de café et quelques biscuits. Le docteur veillait, mais ne put prévenir le geste de Zappi qui, saisissant d'une main noire trois biscuits à la fois, se les fourra dans la bouche, les mâcha et les avala presque instantanément.

Vite, on avait mis l'assiette hors de sa portée.

Il grogna. Il cherchait à se lever, à saisir...
Quelle force en cet homme !

*

Correspondance *censurée* de Chpanov :
« Voici ce que Zappi nous raconta de ses avatars :
Mariano, Malmgreen et lui-même avaient quitté
le camp Nobile dans l'intention d'atteindre le cap
Nord » (celui du nord du Spitzberg). « Au bout de
deux semaines, Malmgreen ne put poursuivre ce
voyage car il souffrait trop de son bras brisé lors
de la chute du dirigeable, et, du reste, il eut les
jambes gelées en cours de route. Il conseilla donc
à Mariano et à Zappi de l'abandonner et de poursuivre leur chemin, et il leur remit les restes de ses
vivres, certains de ses vêtements chauds et aussi
sa boussole qu'il les pria de remettre en souvenir
à sa mère. Ils abandonnèrent donc Malmgreen sur
la glace après lui avoir creusé, sur sa demande,
une tombe. Vingt-quatre heures après cette séparation, s'étant éloignés de quelques centaines de
mètres, les deux officiers aperçurent Malmgreen
qui s'était soulevé dans sa tombe de glace. A une
distance de quelques milles de cet endroit, Zappi

et Mariano, parvenus sur un glaçon, s'y installèrent et restèrent onze jours. Selon Zappi ils n'auraient rien mangé au cours des **treize derniers** jours.

« Je n'ai pu recevoir aucun renseignement de la bouche du capitaine Mariano, extrêmement affaibli. Ce ne furent que les membres du groupe Viglieri recueillis par la suite qui éclaircirent certains détails concernant le groupe Malmgreen.

« Le professeur tchèque Behounek, directeur de l'Institut Radiologique de Prague, raconta qu'après de nombreuses tentatives du groupe Nobile pour établir la liaison par T. S. F. avec la terre, les capitaines de corvette Mariano et Zappi proposèrent de chercher à atteindre la terre en prenant la direction du cap Nord afin d'entrer en liaison avec le Spitzberg. Le sans-filiste Biaggi et le savant suédois Malmgreen offrirent spontanément de se joindre à Zappi et Mariano. Mais Malmgreen, en sa qualité de seul membre du groupe connaissant bien les conditions polaires, exigea que Biagi restât avec le groupe. On décida donc en définitive que ne partiraient que trois personnes : Zappi, Mariano, Malmgreen. La veille du départ, Malmgreen tua, de son revolver, un ours qu'on laissa

entièrement au camp du groupe. Le 30 mai les
trois compagnons se dirigèrent vers le cap Nord
qu'ils comptaient atteindre au bout de 13 à 17 jours
et où ils espéraient trouver des bateaux de pêche.
Au moment du départ Malmgreen ne se sentait
pas très bien, car il souffrait de son bras brisé.
Mariano qui eut, le premier, l'idée de cette expédition, était le plus solide des trois et se sentait en
excellent état. Le professeur Behounek, ami personnel de Malmgreen, lui remit deux lettres à destination de la Tchécoslovaquie, dans lesquelles il disait
qu'à son avis, le groupe pourrait subsister encore
trente jours. Selon Zappi, Malmgreen ne lui remit
aucune de ces deux lettres ni d'autres documents.
Le capitaine Viglieri m'a dit qu'il était étonné que
Zappi et Mariano n'eussent, selon leurs dires,
rien mangé pendant les treize derniers jours ; en
effet au moment de son départ le groupe Malmgreen fut muni de vivres pour 45 jours à raison de
300 grammes par personne. Si l'on compte donc
qu'au bout de deux semaines ils recueillirent le
reste des vivres de Malmgreen, ils durent disposer
d'une quantité amplement suffisante de vivres.
Viglieri suppose donc qu'ils en ont perdu une partie,
ou bien, que, non préparés aux conditions de leur

difficile entreprise, ils avaient dépassé la norme de consommation quotidienne, et s'étaient trouvés sans nourriture avant le délai prévu. Malheureusement la faiblesse extrême de Mariano et l'excessive nervosité de Zappi ne me permirent pas d'obtenir d'eux plus de renseignements... »

C'est dommage.

Chpanov, rentré en Russie, donne ici la *troisième version* du récit de Zappi, d'ailleurs dramatisée par celui-ci lors de son retour en Italie.

Sur les *deux premières* versions, les témoignages sont formels.

Si le lecteur veut bien essayer, une seconde, de plonger dans la réalité de cette histoire, — il sentira comme elle est absurde, — ou atroce...

Mais, dès à présent, observons que, de deux rescapés, *un seul parle* et raconte des histoires de plus en plus merveilleuses ; *l'autre n'a rien dit ; l'autre se tait.*

SUITE DU PROCÈS-VERBAL.

Un Suédois qui revenait d'Espagne nous a assuré qu'à Barcelone, dans un restaurant fréquenté par une clientèle scandinave, il avait lu sur le menu, voici trois semaines, ces mots : *Bifteck à la Malmgreen.*

Nous donnons l'anecdote pour ce qu'elle vaut, c'est-à-dire pour pas grand'chose. Ce trait d'humour commercial est tout simplement odieux. On voudrait que cette infamie ait été châtiée à coups de canne, si vraiment elle a été commise par le cabaretier. Malheureusement, nous n'avons aucune raison de mettre en doute la sincérité du voyageur qui nous a cité le fait.

Le fait est possible, il est vraisemblable à cette époque de cynisme mercantile. Le respect dû à la mémoire d'un disparu, qui était un illustre savant

et un homme de cœur, est-ce à considérer quand
on cultive, exclusivement, « le business », ou
« l'honneur du métier », comme dirait Pierre Hamp ?

Mais nous avons là l'indication, le rappel d'un
état d'esprit, d'un état de surprise, de soupçon, de
doute, de curiosité malsaine, et aussi d'écœure-
ment, qui a dominé l'opinion européenne et profondément bouleversé le public scandinave.

La question d'un crime exceptionnel, réputé le
plus grave de ceux qui attentent à la moralité des
civilisations, s'est posée. Ce crime aurait été per-
pétré par des hommes qui représentaient préci-
sément la civilisation en marche vers une plus
complète et plus intelligente possession du globe
terrestre.

Juridiquement, cette atrocité, si elle a eu lieu,
échappe à toute sanction légale.

*

Le 10 juillet, les occupants de l'avion du *Krassine*
croient apercevoir *trois hommes* sur un glaçon. Le
12 juillet, l'équipage du brise-glace n'en trouve
que *deux*.

Un fait :

— Où est le troisième ? Où est Malmgreen ?

Les hommes du *Krassine* ont demandé cela *sur le glaçon.*

Mariano est inerte. Zappi fait un geste : *il indique le fond de la mer, sur le bord de son glaçon flottant.*

C'est *sa première version.*

Deuxième fait :

Au moment où les sauveteurs s'approchaient, *Zappi a essayé de jeter sur Mariano quelques chiffons, quelques morceaux de vêtements.* Ce geste n'a pu être qu'esquissé. Il était trop tard. Les sauveteurs arrivaient, voyaient.

*

Question : pourquoi Zappi, puisqu'il songea à dissimuler l'effroyable dénuement de son compagnon sur la glace, n'a-t-il pas pris cette mesure de précaution l'avant-veille, dès le 10 juillet, quand l'avion les eut survolés et eut tourné cinq fois au-dessus d'eux.

Réponse : parce que Zappi, comme nous l'avons déjà dit, ne pensait pas qu'un bateau quelconque pût parvenir auprès d'eux, et parce qu'il était impossible à un avion de se poser, même loin d'eux, aux environs. Zappi ne croyait pas qu'on viendrait les recueillir. Il n'attendait qu'un secours de ravitaillement. *Please help food.*

*

Il donnera *trois versions* de la disparition de Malmgreen.

La première : *Malmgreen sous la glace, dans l'eau.*

La deuxième, à bord : *Malmgreen est resté à distance, il y a un mois environ, près de l'île Brock, plus au nord.* Il était à bout de forces. Il a engagé ses compagnons à continuer leur route vers les terres du sud, sans lui.

La troisième, qui est un perfectionnement dramatique de la deuxième : Malmgreen s'est fait creuser « une tombe » dans la glace, s'est déshabillé et a exhorté ses compagnons à prendre ses vêtements et à partir sans lui ; il s'est couché dans sa tombe ; ils étaient déjà à quelque distance, à très peu, à cent mètres, quand il s'est relevé et montré, parce qu'ils s'arrêtaient, hésitant à aller plus loin : il leur a fait signe de marcher... Ce récit

abracadabrant a paru récemment dans divers journaux. Il émane de Zappi rentré en Italie, calmé,
normal, ou convenablement instruit de ce qu'il
avait à dire pour expliquer la disparition, le « sacrifice » de Malmgreen.

Malmgreen était-il à bout de forces ?

Quand il est tombé avec d'autres de la gondole
de l'*Italia*, il avait été blessé, il avait, paraît-il,
la poitrine défoncée, un bras cassé. Pourtant, il a
pris le commandement de l'expédition qui partait
en reconnaissance, et qui était en somme, une
expédition de secours.

Mieux : quoique blessé et souffrant, il a affronté,
seul, un ours. Il lui restait, après la chute de la
nacelle, un revolver, du système *Colt*, et *une car-
touche seulement* dans ce revolver. Ainsi armé, il a
marché vers la bête féroce, et l'a tuée de cette
unique balle, la lui logeant dans la tête. La chair
de l'animal a nourri quelque temps le groupe Nobile.

Cet exploit, car c'en est un, (un ours ne pardonne
pas à qui l'attaque) prouve la grande force morale
de Malmgreen.

Et c'est cet homme qui, bientôt après, se rendra,
se déshabillera, se fera creuser une tombe dans la
glace, s'y couchera, *confiera sa montre à Zappi, sa*

boussole, pour qu'il rapporte ces objets si possible, en Suède (curieuse coïncidence : Zappi portait au poignet, quand on l'a sauvé, *trois montres-bracelets* : celle de Malmgreen, celle de Mariano, — *encore vivant*, — et la sienne), et exigera, courageusement, que ses compagnons le laissent mourir seul, qu'ils le laissent se refroidir, se glacer, lentement...

N'est-ce pas extraordinaire ?

Samoïlovitch a dit qu'il allait envoyer chercher Malmgreen à Brock-Island. *Zappi a répondu que ce n'était pas la peine...*

Autre curieux détail : Malmgreen, qui se dépouille si noblement de tout (figurez-vous cette scène), oublie cependant de passer à Zappi *les deux lettres du professeur Behounek, destinées à la Tchécoslovaquie.* Ils les garde, il reste en chemise et en caleçon, *avec ces deux lettres oubliées,* dans un trou de glace, faisant d'une main pâle des gestes d'adieu. Et Zappi, et Mariano s'éloignent, en se retournant de temps à autre. Zappi s'est couvert des vêtements de Malmgreen.

Imaginez cela...

Mais, malheureusement, tout est trop proche du merveilleux dans ces « histoires »,

Ce qu'il y a d'étonnant, d'inconcevable, de trop parfait, de trop uniformément beau, dans cette légende de « sacrifices librement et spontanément consentis », c'est qu'à *trois reprises le témoignage de leur héroïsme nous soit apporté par ceux qui en ont bénéficié.*

Nobile, général, chef de l'*Italia,* n'a consenti à être enlevé par Lundborg, en avion, que sur l'exigence formelle de ses compagnons de malheur, et pour mieux diriger les travaux de sauvetage, et parce que Lundborg promettait de revenir tout de suite prendre les autres... C'est le capitaine d'un vaisseau qui fait naufrage et que les matelots forcent à gagner la terre le premier.

C'est impressionnant, mais peut-être exagéré.

Malmgreen a exigé qu'on le déshabillât et qu'on l'abandonnât. Zappi s'est dévoué pour rapporter sur lui la boussole de Malmgreen et *ses vêtements.* Nous voudrions bien avoir le testament de Malmgreen. Ne pensez-vous pas que quelques lignes griffonnées à l'instant tragique de la séparation seraient aujourd'hui d'un heureux effet ? Que dit de cela, et de sa correspondance disparue, le professeur Behounek ?

Enfin, l'on repêche Zappi et Mariano. Celui-ci,

suivant l'exemple de ses prédécesseurs en héroïsme,
attendait la mort, *déshabillé*, sur la glace, content
de savoir que Zappi lui survivrait, que Zappi
rapporterait sa montre à ses parents, que Zappi,
pour remplir sa mission, héroïquement... *le mange-*
rait...

Vous sursautez, lecteur ?

Tenez-vous bien.

Sur le glaçon en dérive, Mariano avait dit :

« TU ME MANGERAS QUAND JE SERAI MORT,
MAIS... PAS AVANT... »

*

Cette phrase énorme, ce propos renversant, *cela*
avait été dit sur le glaçon.

A bord du *Krassine*, *devant témoins*, en présence
du docteur, *Mariano l'a répété*, quand il fut en
état de parler.

Et *Zappi a reconnu, devant témoins, que cela lui*
avait été dit.

Mariano s'est tu longtemps, souriant, heureux
d'être au chaud, les pieds bleus, les mains gercées,
couvertes d'écailles blanches. Mais enfin il a dit
quelque chose, cette horrible chose.

Revenons sur cette question, déjà terrible. -

Quand on recueillit ces deux survivants, il n'y avait rien, mais absolument rien, sur le glaçon, qui pût servir d'aliment. Pas une boîte de conserves. Rien. Pourtant, ces hommes avaient emporté du pemmican, du chocolat et d'autres produits. Mais ils avaient consommé leurs provisions, calculées pour un mois, beaucoup trop vite. (Il faut tenir compte du froid qui absorbe les calories).

Ils avaient rongé et mangé en partie ce qui leur restait de chaussures.

Quand Tchoukhnovsky passa au-dessus d'eux et s'éloigna, sans leur avoir rien jeté, Zappi pensa que l'aviateur n'avait pas pris de vivres pour eux et qu'il allait revenir. Quand reviendrait-il ?

« Nous tâchions d'abord d'estimer la distance probable de sa base, a dit Zappi. Nous comptions les minutes. Dans l'attente du secours, la faim se sentait encore plus cruellement. La nuit vint. Puis le jour, tout un jour qui dura longtemps. C'est alors que Mariano m'a dit de le manger *quand il serait mort* ». (N'oublions pas que Mariano avait été déshabillé et exposé au froid). « Par moments, le soir de cette dernière nuit, nous tombâmes dans l'oubli, somnolant... Mais nous avions peur de nous endormir et de mourir, et nous résistions...

Et enfin, ce bruit, de votre bateau, à l'aube... Je me suis levé... J'ai secoué en l'air des chiffons... »

Depuis combien de temps n'avaient-ils pas mangé ? L'un et l'autre ? *Les cas sont différents.* Le docteur va intervenir. Il va faire son devoir. Et ce seront pour nous de nouveaux éclaircissements.

✻

Zappi a dit : « NOUS *n'avons pas mangé depuis treize jours* ».

On s'étonne de le voir marcher, d'un pas ferme, et grimper seul, vivement, à l'échelle de corde, jusqu'au pont qui est élevé de six mètres environ au-dessus du niveau de la glace.

Physiquement, il paraît *en pleine forme,* quoique très agité, exalté, nerveux ; sa réaction nerveuse est celle d'un être vigoureux, dont les muscles ne se sont pas relâchés.

Dans le fauteuil où on l'a installé d'abord, il exprime les affres de la faim avec une violence bestiale : *Ah ! ouah ! ah ! ouah !*

Mais il est *lucide, conscient.* Il rédige d'une main ferme le télégramme destiné à Nobile. C'est lui qui a pensé à faire ce rapport.

Il n'a nullement souffert du froid.

Il se jette sur l'assiette aux biscuits.

Mariano est glacé, épuisé, expirant.

Le docteur observe très attentivement les rescapés et décide du traitement à appliquer.

Ce traitement, pour Zappi, n'est pas celui qui s'impose pour Mariano.

Celui-ci étant gelé, on doit le laver à l'alcool. Un bain chaud serait dangereux.

Zappi prendra un bain. Il le prend. Il ne s'en trouve pas mal.

Ensuite, on le transporte à l'infirmerie. (Deux cabines communicantes ; six couchettes, étagées deux par deux).

Le docteur déclare fermement aux rescapés qu'ils n'obtiendront aucune nourriture avant d'avoir pris un lavement.

Mariano s'abandonne à son soigneur.

Zappi proteste, résiste. Il veut manger d'abord.

Il finit par céder.

Je parle de lavements, sans chercher des effets de « réalisme ». J'espère qu'on lira ceci sans bégueulerie.

Les résultats des clystères qui ont été faits à l'huile de tournesol, sont très différents.

Zappi alla facilement, immédiatement, à la selle. La matière expulsée fut sans concrétions, normale : celle qui doit provenir d'une digestion assez récente.

Pour Mariano, il fallut *trois lavements consécutifs* : la matière fécale, douloureusement chassée, était *dure comme pierre*. Mariano était vraiment affamé.

Zappi avait mangé quand Mariano ne mangeait plus.

Selon le docteur, le jeûne de Zappi ne pouvait remonter qu'à cinq ou six jours, maximum.

Mariano se mourait d'inanition depuis beaucoup plus longtemps.

(L'analyse des excréments n'a pu être faite, malheureusement ; les moyens du bord ne le permettaient pas).

*

Après ces opérations, le docteur accorda à Mariano une nourriture extrêmement légère, toute liquide. A Zappi, une nourriture un peu plus substantielle. Mais Zappi protestait et se fâchait. Il voulait manger à sa faim. Le lendemain du sauvetage, le 13 juillet, il réclamait si fort et il paraissait si « solide » qu'il obtint *l'ordinaire* de l'équipage, soupe, pain, viande de conserve, riz et compote, et *avala tout cela sans aucune suite fâcheuse.*

Il était évident que Zappi n'avait pas jeûné depuis treize jours. Pressé de questions, il donna *une deuxième version* : il ne jeûnait que *depuis six jours.*

Il est d'ailleurs très « porté sur la bouche ».

Deux ou trois jours après le sauvetage, comme on lui servait encore, en dessert, l'inévitable compote que tout le monde acceptait à bord, faute de mieux, il se dressa sur sa couche, se leva tout à fait, et s'élança, *les poings en avant,* menaçant Chtchoukine, son infirmier.

Zappi est également susceptible.

Chtchoukine l'ayant appelé, par habitude, *camarade* (tovarichtch), Zappi lui cria :

— Je ne suis pas *un camarade* pour toi ; je suis *un monsieur* (gospodine) !

Quelle était l'attitude de Mariano, en ces jours inoubliables pour lui ?

Il était très faible, très doux, et parfois un peu capricieux, comme tous les malades.

Il ne voulait plus voir Zappi. *Il avait horreur de lui.*

Cependant, quand Mariano n'était pas sage, se

défendait, s'agitait, Zappi grondait, et Mariano d'obéir, aussitôt, comme un enfant.

« *Faible de volonté*, bon, tout plein d'âme (*odoukhotvorenny*), ce Mariano », nous dira un de ceux qui l'ont observé avidement, un de ceux dont nous avons mesuré à la nôtre la sensibilité.

*

— *Mais pourquoi Mariano ne s'est-il pas plaint du traitement abominable que, sur la glace, lui a infligé Zappi ?*

— Grosse question, nous est-il répliqué. Parce que, je pense, Mariano, caractère pusillanime, se sentait complice d'un acte dont l'auteur principal avait été Zappi.

Nous allons être impitoyable dans notre interrogatoire, mais nos témoins sont résistants.

— Ont-ils tué Malmgreen, ou Zappi seul l'a-t-il tué, et Mariano se tait-il parce qu'il a profité d'un crime qu'il ne voulait pas ?

Un silence, et cette réponse :

— Il est étrange, évidemment, que Mariano se taise.

Nous allons aussi loin que possible, trop peut-
être :

— Mariano est-il aussi un assassin ? Il a toutes
les raisons de se plaindre de Zappi, mais un motif
majeur l'oblige à se taire.

Silence.

Nous attaquons le docteur :

— Pourquoi Mariano ne dépose-t-il pas une
plainte contre Zappi ?

Srednevsky tombe, sans le vouloir, dans le sens
même de notre pensée :

— Peut-être ne le pouvait-il pas, parce qu'il y
avait entre eux *quelque chose de commun.*

Nous poussons jusqu'au bout :

— Je sais que vous avez une consigne et que
vous ne direz rien. Mais je pense, moi, que Malmgreen a été tué par Zappi, en présence de Mariano
consentant, impuissant, qui a profité, au moins
quelque temps, de ce meurtre, et qui ensuite, s'est
trouvé dans le même danger, et a été dépouillé
par Zappi, l'homme fort, et allait mourir si vous
ne les aviez sauvés tous les deux.

Silence du docteur.

— En somme, votre opinion sur Zappi est telle
que vous ne pouvez pas la dire.

Silence.

— J'accuserai Zappi au moins de tentative d'assassinat, et vous ne dites rien.

Silence.

— Pourtant, dans ces cas-là, on proteste si l'accusation est contraire à la vérité. On proteste véhémentement. Mais ici, il y a une consigne, et l'on se tait.

Nous attaquons d'autres témoins, des chauffeurs, des mécaniciens, l'infirmier, des journalistes, qui ont vu, qui savent tout ce qu'on peut savoir.

Ils sont tous d'un même avis qu'ils ne peuvent pas exprimer franchement.

Un chauffeur juge Zappi :

— *Temnaïa sila, sila !* (Une force, une force sombre, — diabolique).

Vorontsova, journaliste, nous montre un petit carnet de dame, dans lequel les rescapés des deux groupes Nobile ont signé des dédicaces-souvenirs. Il y a entre autres celle de Mariano :

« En grande reconnaissance, en souvenir de mon retour à la vie ».

— Et Zappi ? Je ne trouve pas la signature de Zappi...

Mouvement involontaire :

— Ah ! non, pas celui-là !

Tous les jours qui ont suivi le 12 juillet, Zappi fut extrêmement nerveux, agité.

Mariano était en danger.

La gangrène s'était déclarée, une amputation du pied devenait nécessaire.

Zappi, tout à coup plein de sollicitude pour Mariano, s'opposait à cette opération.

Sur les conseils des chefs de l'expédition, Srednevsky renonçait à prendre cette mesure avant d'avoir consulté ses confrères italiens.

RÉSUMÉ DU PROCÈS ZAPPI.

Zappi a dépouillé Mariano de ses vêtements et s'en est couvert ; Zappi mangeait encore quand Mariano ne mangeait plus, depuis quelques jours ; Zappi attendait la mort de Mariano, et Mariano savait dans quelle affreuse intention Zappi guettait sa mort, songeant à la précipiter ; Mariano *espérait seulement que Zappi le laisserait mourir de froid* (dévêtu comme il était) *mais ne le tuerait pas* (il n'y a pas d'autre explication possible de ces terribles mots : « *Tu me mangeras quand je serai mort*, MAIS PAS AVANT !... »)

Fondant notre conviction sur ces faits incontestables, nous voyons une tentative caractérisée d'assassinat, préméditée, consciemment perpétrée *pendant plusieurs jours*, poussée jusqu'au moment où les sauveteurs arrivent presque à l'improviste et où Zappi, se ressaisissant, essaie de dissimuler son crime (il jette quelques chiffons sur Mariano).

D'autre part, il est permis de présumer l'assassinat de Malmgreen.

D'abord parce que cette disparition est étrange en soi ; ensuite parce que les allégations de Zappi sont contradictoires et bizarres ; enfin parce que *Mariano n'a rien expliqué jusqu'à ce jour*, laissant toutes les explications à la charge de conscience de Zappi.

On raisonnera ainsi :

Si la mort de Malmgreen avait été « naturelle », les deux témoins de ce décès auraient parlé ensemble et d'un même accord. *Il n'y en a qu'un qui parle*, et il donne *différentes versions*.

Si Malmgreen était mort par accident (un faux pas, une chute, la disparition sous la glace), il était très simple de le dire.

Mais ce cas ne peut être envisagé parce que *Zappi portait les vêtements de Malmgreen*.

Si Malmgreen était mort d'épuisement, admettons que les survivants aient dépouillé le cadavre et *se soient partagé les vêtements du mort*.

Mais au moment où l'on ramasse Mariano et Zappi, le premier est dévêtu, presque mourant ;

l'autre est chaudement couvert, il a trois costumes, dont celui *d'un vivant*.

Il faut qu'il invente une histoire, et qu'il la corrige, et qu'il la complète sans cesse.

Ses explications sont de plus en plus *détaillées*, de plus en plus étranges, invraisemblables. C'est toujours ainsi qu'on « s'enferre ».

Mariano ne dit rien. Mariano ne contredit pas son camarade.

Par quel secret le moral de Mariano est-il lié à celui de Zappi ? Plus nettement : pourquoi Mariano ne peut-il parler de la mort de Malmgreen ?

Et comment est venue à Mariano cette idée que Zappi pourrait le tuer *pour le manger ?* Et comment l'a-t-il prévenue : « Quand je serai mort, mais *pas avant ?* » Ce sont deux officiers, ils doivent avoir ce qu'il est convenu d'appeler des « sentiments d'honneur »... QUEL PRÉCÉ-DENT autorise Mariano à penser que son camarade serait capable de ce crime, et à le dire, et à le répéter ?

Je pense que le procès verbal est complet et la démonstration péremptoire. La lumière est faite. Zappi a voulu la mort de Mariano, a prémédité sa mort. En outre, nous avons le droit de soupçonner que Malmgreen a été tué. Et pourquoi ? Dans quel but ? Qu'est-il advenu de son cadavre ?

Nous ne pouvons plus, nous ne voulons plus limiter l'interrogatoire à Zappi. S'il parle encore, s'il tente de se disculper, nous ne manquerons pas de publier ses nouvelles déclarations.

Mais nous voudrions entendre Mariano, *qui sait*, qui a été victime de la férocité de Zappi.

Le professeur Behounek, qui a été sauvé dans la soirée de ce 12 juillet, comme nous l'allons dire, et qui a parlé depuis, et a écrit des articles, a-t-il désiré savoir ce qu'il était advenu des deux lettres qu'il confia à Malmgreen, à destination de la Tchécoslovaquie, et dont Zappi ne connaissait pas l'existence ?

Bien des questions pressantes...

Or, au moment où nous écrivons ces lignes, nous apprenons par une dépêche de Rome, que Mariano, qui était en convalescence quand on l'a renvoyé dans son pays, se meurt d'une reprise de gangrène. Il y a plus de six semaines que l'amputation a été faite... et, croyait-on, parfaitement réussie...

Quant à Zappi, le gouvernement de Rome l'enverrait en mission... au Japon...

La parole est aux avocats : ils plaideront pour

Zappi les conditions exceptionnelles, le *struggle for life*, etc.

Nous, nous repartons avec le *Krassine*. Montons sur le deck, où l'air est meilleur à respirer.

*

Cependant, nous ne pouvons terminer ce triste chapitre sans dire quelques mots de l'homme dont la Suède et toute la Scandinavie regrettent la disparition étrange.

Et pour bien établir la réputation de plagiaire que nous nous accordons délibérément, nous allons tout bonnement reproduire un petit article paru dans l'*Humanité*. Le voici :

« Par la mort du Dr Finn Malmgreen, disparu si tragiquement dans les glaces polaires, la science a perdu un de ses plus brillants météorologues. Pendant que l'on essaie de pénétrer l'atroce mystère de sa mort, on ne doit pas perdre de vue la carrière du jeune savant qui, à l'âge de 32 ans, pouvait compter parmi les premiers savants de la Suède.

« Spécialisé depuis dix ans dans les travaux de la météorologie, Malmgreen débuta comme explo-

rateur polaire en 1922 : il partait avec Amundsen
sur le *Maud* pour le fameux voyage à la dérive
parmi les glaces polaires, voyage qui devait durer
près de trois ans. Dès son retour à la civilisation,
en 1925, Malmgreen publia une étude importante
sur le givre et l'humidité de l'air dans les régions
polaires, étude qui représentait le résultat des
travaux et des observations faits pendant la croi-
sière du *Maud*.

« En 1926, Malmgreen faisait partie avec son
maître et ami Amundsen du petit équipage du
Norge, toujours comme spécialiste de la météorologie. Lorsqu'il fut invité à prendre part à l'expédition de l'*Italia*, il hésita d'abord, paraît-il, à cause
de l'absence d'Amundsen, dont le désaccord avec
Nobile était connu de tous les savants scandinaves.
Ce serait Amundsen lui-même qui aurait persuadé
son jeune confrère de passer outre à ces questions
personnelles dans l'intérêt de la science.

« Malmgreen et Amundsen ont su mettre le souci
scientifique au-dessus des petites considérations
personnelles. Mais l'expédition Nobile a coûté à la
Suède la vie de deux de ses plus grands hommes de
science. »

Des journaux ont essayé d'atténuer les effets de ce reportage. Ils ont publié une lettre de Mme Malmgreen, mère du défunt professeur.

Cette lettre, nous la citons d'après *la Liberté* (du 8 septembre) :

« Cher général Nobile,

« J'ai beaucoup de remerciements à vous adresser au sujet de l'expédition de l'*Italia*.

« Avant tout, mon cœur éprouva une vive émotion quand vous eûtes la très grande amabilité de survoler ma demeure à Appelviken, lors de votre voyage vers Svalbard. Je n'oublierai jamais ce jour, et conserverai comme un cher souvenir le message rouge que vous laissâtes tomber à mon adresse.

« Je regrette de n'avoir pu vous rencontrer dans votre voyage de retour, pour vous remercier personnellement de tout ce que vous avez fait pour mon fils. En maintes occasions vous avez, je le sais, parlé de lui avec le plus grand éloge, et cela a été pour moi une immense consolation.

« Mon fils, de son côté, avait pour vous le plus grand respect et la plus haute estime, et sa sympathie à votre égard était profonde et sincère.

« Moi-même, j'estime qu'il est de mon devoir de vous dire et de proclamer bien haut ma conviction absolue que l'amitié réciproque qui vous unissait à mon fils n'a jamais subi aucune altération, même lorsqu'il partit pour l'expédition qui devait lui être fatale.

« Je veux également vous remercier de tout cœur pour l'aimable télégramme et pour les splendides fleurs que vous eûtes la gentillesse de m'adresser le 28 juillet, quand le capitaine Zappi vint me rendre visite.

« Ce fut pour moi une grande satisfaction et une consolation très vive de l'entendre parler de mon fils, et vous avez sans doute appris du capitaine Zappi lui-même que j'ajoutai entièrement foi au récit qu'il me fit. Lui et le capitaine

Mariano, que j'aurai le plaisir d'aller voir bientôt, ont certainement fait tout ce qu'il était possible de faire pour mon fils, et je les tiendrai toujours pour des hommes d'honneur.

« Cher général Nobile ! Il ne m'appartient pas de parler de l'opinion publique, ni de toutes ces choses, mais je tiens à vous donner l'assurance que ma sympathie à votre égard est sans limite, et restera toujours la même.

« Affectueusement vôtre.

« Anna MALMGREEN. »

A cette publication, le 9 septembre, deux et trois jours après avoir porté les accusations les plus graves contre Zappi, nous répondions ainsi :

« Je suis bien résolu à m'abstenir de toute polémique stérile et à ne discuter que des faits.

« La lettre de Mme Malmgreen, en admettant qu'elle soit authentique, — ce que je veux bien, — n'est pas un argument.

« Observons d'abord que, dans les deux journaux qui l'ont publiée, elle n'est pas datée. Et ceux qui publient cette lettre *savent bien que c'est très ennuyeux pour eux de ne pouvoir donner « la date vraie* ».

« Cette lettre a pu servir de témoignage au moment de la campagne de presse qui s'était déjà déclanchée contre Nobile et ses officiers dans les pays scandinaves. A ce moment-là, les soupçons étaient des soupçons, mais l'instruction de l'affaire n'était pas complète.

« Supposons pourtant que Mme Malmgreen ait voulu répondre tout récemment à nos articles, qu'elle ait eu le temps de les recevoir, de les lire, d'expédier sa réplique au général Nobile, qui aurait eu le bonheur de réexpédier une copie de cette lettre à ses amis de la presse policière. Supposons tout cela : et qu'est-ce que cela prouve ?

« Mme Malmgreen a, pour Nobile, la plus haute estime,

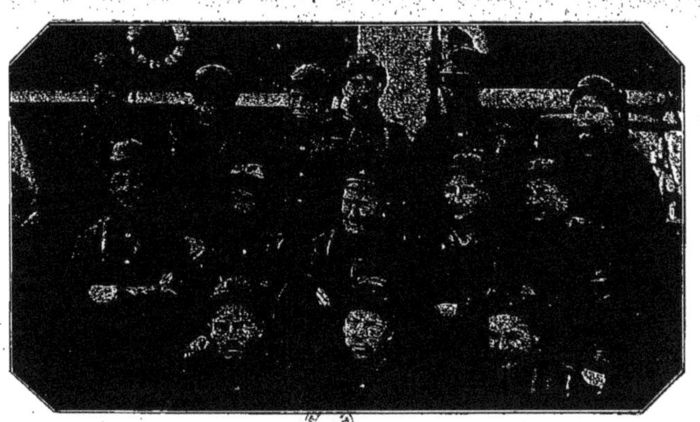

L'ÉTAT-MAJOR DU " KRASSINE ".

Au deuxième rang, Legzdine, officier, Batchmanov, officier, Egghi, capitaine du Krassine, Erchov, chef-mécanicien et Mokk, officier-mécanicien. Au troisième rang, de gauche à droite, le 4ᵉ et le 5ᵉ sont le docteur Srednevsky, médecin-chirurgien du Krassine et Brenkopf qui découvrit sur la glace Zappi et Mariano.

la plus grande sympathie. Elle a « ajouté entièrement foi au récit que lui fit le capitaine Zappi ». Elle le tient, lui et Mariano, pour « des hommes d'honneur ».

« Nous nous inclinons devant la douleur de Mme Malmgreen. Mais nous sommes bien obligés de lui dire qu'en serrant la main du capitaine Zappi, elle a serré la main d'un criminel convaincu d'avoir attenté à la vie de Mariano et fortement soupçonné d'avoir tué le professeur Malmgreen. On dit que nous « n'hésiterons pas à torturer encore l'âme d'une femme ». Ce moyen d'intimidation a constamment été employé contre ceux dont le devoir est de chercher uniquement la vérité.

« Au surplus, ce n'est pas ainsi que la question se pose et ce n'est pas par des attestations de moralité, sincères, mais discutables (nous obligera-t-on à reproduire ce que Amundsen, avant de disparaître, a écrit de Nobile ? — ce contre-témoignage serait terrible), ce n'est pas par des lettres que l'on détruira les faits d'évidence, incontestés, incontestables, dont nous avons établi la somme. Ce n'est pas ainsi que l'on répondra victorieusement à notre interrogatoire .

« Dans l'état actuel de la question, il n'y a que deux hommes qui aient le droit de parler et qui soient tenus de parler.

« Ce sont Zappi et surtout Mariano.

« Tout le reste n'est que diversion, d'après la vieille tactique journalistique.

« Et Mme Malmgreen, si elle nous lit, pourra être, sur ce point, de notre avis. »

Les journaux auxquels nous répondions n'ont rien répliqué. Ils ne pouvaient répliquer. Ils savaient bien que la lettre de madame Anna Malmgreen ne s'adressait pas à nous. Ils devinaient que, dans les pays scandinaves, ce reportage atteindrait tous ceux qu'il peut intéresser, — et nous en avons des preuves. *Ils n'avaient enfin pas de faits à opposer à des faits.*

Quant aux injures qui nous sont venues de journaux ou de particuliers italiens, cela ne nous dérangera pas de notre règle, qui est de refuser toute « polémique ».

Et si certains des Italiens qui nous insultent savaient comme nous aimons leur peuple et leur pays ! — Non pas, il est vrai, leur gouvernement...

DÉCOUVERTE ET SAUVETAGE
DU GROUPE VIGLIÉRI

Nous rouvrons le journal de Lehman, à la page
où nous l'avions laissé, sur le bulletin de la première victoire du *Krassine*, en date du 12 juillet.

Nous omettrons cependant une trentaine de
lignes qui feraient ici longueur et ne nous appren-
draient rien que nous ne sachions déjà : le récit
(deuxième version) de la disparition de Malmgreen
et la légende des « treize jours » de jeûne de Zappi ;
l'apparition de Tchoukhnovsky ; l'arrivée du *Krassine*, le sauvetage, Zappi embrassant les genoux
de Philippov et montant seul à l'échelle, tandis
qu'un palan enlève la civière de Mariano. Rien qui
puisse servir à la défense de l'accusé, sinon cette
lacune, ce silence de Lehman qui ne parle pas des
vêtements des rescapés. Mais c'est justement le

point le moins contestable, celui que Zappi ne peut
discuter.

Et, tout aussitôt, Lehman :

« Mariano a des doigts gelés, aux deux pieds.
On les a mis (Mariano et Zappi) à l'infirmerie, sous
la surveillance de notre médecin, le docteur Srednevsky. *Zappi se sent bien, il est vigoureux ;* mais
son camarade Mariano gît presque sans connaissance et il a 40° de fièvre. »

« Nous continuons notre chemin. Jusqu'au groupe
qui était celui de Nobile, il nous reste encore à faire
environ 14 milles. La glace devient plus faible et,
de loin en loin, nous rencontrons de gros icebergs,
de tous les *formats* possibles *(sic)*. Vers sept heures
du soir, nous nous sommes tellement avancés que
nous pensons qu'*ils* entendront nos appels de
sirène. Et, avançant lentement, avec précaution,
nous mesurons toutes les demi-heures la profondeur de la mer, pour ne pas nous déchirer nous-
mêmes à une roche sous-marine. La profondeur,
en cet endroit, est très variable : elle est parfois
de 80 sagènes et plus (environ 170 mètres), et parfois seulement de 17 ou même 15 sagènes (de 35 à
30 mètres).

« Par tribord, nous apercevons des rivages en

plateaux (le cap) Leigh Smith, et, devant, une île à demi-ovale (?), Gross-Insel. Donc, nous nous trouvons dans le rayon où doit être, sur un glaçon flottant, le groupe Nobile » (c'est-à-dire Viglieri), « d'après le radiogramme reçu de la base flottante de Nobile, le *Città-di-Milano*, avec lequel nous sommes en relations continuelles par radio. Malgré toute l'attention de l'équipage qui explore l'horizon tout alentour, qui à la jumelle, qui à l'œil nu, pas de résultats.

« Alors, le *Città-di-Milano* a demandé au groupe » (Viglieri) « avec lequel il est relié par radio :

« — Voyez-vous le *Krassine* qui vous cherche ?

« Le groupe a répondu qu'il ne nous voyait pas.

« Cela prouve que nous sommes encore loin, s'ils ne nous voient pas. Mais ils ne peuvent pas dire où ils se trouvent pour cette raison qu'ils ne peuvent pas faire le point.

« Nous continuons à chercher longtemps sans résultats. »

*

« Tout à coup, sur un rivage, sur un haut rocher, à 12 milles de nous, nous avons distingué des gens

qui nous faisaient tous les signes possibles, essayant
d'attirer notre attention.

« D'après notre estimation, c'étaient les hommes
qui étaient partis du *Braganza*, affrété par les Italiens, et qui avaient dû suivre un rivage, avec leurs
traîneaux et leurs chiens, pour chercher le groupe
Nobile » (Viglieri). « Ils avaient disparu et on les
croyait tout à fait perdus. Nous avons hissé les
pavillons de signaux pour leur dire que nous les
avions aperçus et que nous allions chercher plus
loin sur la banquise. »

Cette décision fut prise parce que l'on croyait
apercevoir le groupe de chercheurs Sora-Van Dongen, et que le *Krassine* voulait sauver d'abord le
groupe Viglieri, en danger depuis plus longtemps.

« Tout à coup, entre cinq et six heures du soir »
(plus haut, Lehman avait déjà *sept heures*), on
nous fait savoir par radio, du *Città-di-Milano*,
que le groupe Nobile » (lisez toujours : Viglieri)
« voit le *Krassine* à dix milles sud-ouest. Ce radiogramme décida de leur sort. Nous prîmes la direction opposée qu'ils nous indiquaient » (c'est-à-dire
que le *Krassine* revint sur sa route), « nous mar-
châmes assez loin et longtemps, et tous regardaient
avec une grande attention, mais on ne voyait rien,

bien que le temps fût couvert et la visibilité très bonne.

« Tout à coup, à bâbord, à l'horizon, éclata un gros globe de fumée noire.

« C'était le groupe qui, par des fusées à fumée, nous montrait sa position. Et, avec une bonne jumelle, on distinguait déjà l'aéroplane qui avait eu un accident, celui de l'aviateur suédois Lundborg. A son premier vol, Lundborg s'était posé sans encombre et avait remporté Nobile. Mais quand il revint après cela et essaya de se poser, il eut une avarie et, en se posant, brisa son fuselage et se planta sur la glace, les ailes retournées.

« Vers dix heures du soir, nous atteignîmes un champ de glace. Au-devant de nous, nous saluant et agitant les bras, venaient cinq hommes.

« Trois arrivèrent en courant sur la glace, jusqu'au bord de notre navire.

« Un quatrième sautillait, allant sur un pied, sur des pelles en bois.

« Il avait eu la jambe droite cassée en tombant de l'*Italia*. Les pelles, pareilles à des rames, lui servaient de béquilles.

« Tous les autres étaient sains et saufs, et même ils avaient tous engraissé. Seulement, ils avaient

tous la barbe et les cheveux longs, et ils étaient
sales, et ils ressemblaient à des tziganes. »

*

« Aussitôt, on abaissa l'échelle de coupée et
descendirent les premiers : le professeur Samoïlovitch, chef de l'expédition ; le camarade Oras, représentant de l'*Osaviakhim*, et le secrétaire de l'expédition (Ivanov).

« Ils serrèrent la main à tous et les embrassèrent
tous, en croix, trois fois sur la bouche.

« Alors, tomba en masse, sur la glace, toute la
confrérie, certains tout sales, venant de la vigie,
des chaufferies et des machineries. Et vas-y tous
à fraterniser avec les Italiens ! On n'arrive pas
à se faire comprendre. Les Italiens crient seulement : « *Ouroussa korocho !* » (En russe, c'est du
petit-nègre qui veut dire : *Bien, les Russes !)*

« Pour celui qui s'était cassé la jambe, on fit
une civière. Mais il refusa cet honneur *(sic)*
et arriva en sautillant comme il put jusqu'à l'échelle,
qu'il monta jusqu'à moitié en tenant la rampe ;
ensuite, il continua à grimper à reculons, en s'as-
seyant sur les degrés, et arriva ainsi en haut.

Et je l'aidai à se lever et à monter du dernier degré sur le pont. Il est de grande taille et gros : déjà grisonnant, tout barbu et chevelu ; pour le grade, c'était le premier mécanicien du *zeppelin*, Ceccioni, un homme qui s'y connaît en moteurs, qui a déjà volé sur la Norvège, vers le pôle, en 1926, et qui est venu chez nous, à Léningrad et à Gatchina.

« D'après les récits des rescapés, ils avaient atteint l'endroit du pôle Nord et avaient tourné au-dessus environ quatre heures.

« Ensuite, ils ont pris la route du retour. Ils marchaient à une vitesse de 65 kilomètres à l'heure, à une hauteur de 400 mètres au-dessus du sol, et sont tout à coup tombés dans une tempête de neige. Et leur *ballon* a commencé à se geler et à se couvrir de glace ; et, s'étant alourdi, il s'est abaissé brusquement, très brusquement ; ils ont arrêté tous les moteurs et, quelques minutes après, ont heurté des aiguilles de glace ; du coup, la gondole principale du capitaine s'est détachée et est restée sur la glace. Mais le *zeppelin* même, délivré de ce poids, remonta en l'air et des bouffées de vent se sont emparées de lui et l'ont emporté plus loin. Ceux qui restaient sur la glace ont vu, quelques minutes après, dans le brouillamini de la neige, un gros nuage de fumée noire, dans la direction où le vent avait emporté le *zeppelin,* et ils supposent qu'en tombant, le *zeppelin* a éclaté et brûlé, et que tous les hommes qui restaient dessus ont été carbonisés et se sont perdus.

« Dans la gondole du capitaine se trouvaient Nobile, le chef, et ses neuf compagnons, dont 7 Italiens, un Tchécoslovaque de la ville de Prague, et un savant suédois, qui a exploré le Nord, *Malmgrem (sic).*

« Au moment de la chute, un d'eux essaya de sauter sur la glace et s'écrasa, d'une rupture du cœur *(sic).* Le savant suédois *Malmgrem,* en tombant, se cassa le gras gauche, et le premier mécanicien pour moteurs, Ceccioni, se cassa la jambe droite, au genou. Tous les autres restèrent sains et saufs.

« Cette catastrophe eut lieu le 25 mai 1928, à 11 heures et demie du matin.

« Toutes les armes et les vivres avaient été emportés par le vent sur le *zeppelin,* et *Malmgrem* était seul à avoir un revolver du système *Colt,* avec lequel il eut l'heureux bonheur *(sic)* de tuer un ours blanc qui leur servit de nourriture tant qu'ils n'eurent pas établi la communication par radio avec le monde extérieur : alors l'aviateur Lundborg vint leur jeter des vivres.

« *Ils entendaient les radio-concerts de Paris, de Berlin et d'Amsterdam*, et c'est un amateur de chez nous qui a, avant tous, perçu leur appel, indiquant par erreur la terre François-Joseph, au lieu du cap Leigh Smith. »

*

Lehman vient de confirmer dans l'essentiel les déclarations du professeur Behounek (le « Tchéco-slovaque de la ville de Prague »), faites sur la glace, au moment où il venait d'être sauvé et où il n'avait encore rien à taire.

Le 25 mai, a dit Behounek, quand l'*Italia* revint du pôle, « le vent était contraire et violent. Il bruinait, il pleuvait, et cela gela. Sur l'enveloppe du dirigeable, une croûte se formait, de plus en plus pesante. La vitesse théoriquement développée par l'*Italia* était de 50 à 60 kilomètres à l'heure ; la vitesse réelle n'était que de 35 à 40 kilomètres. L'appareil, qui tanguait à environ 400 mètres de hauteur, fit une chute rapide de 200 mètres. »

Chacun, à bord, eut la sensation profonde, qui vous creuse jusqu'aux boyaux, du malheur dont on ne sortira pas. Des gestes. Instinctivement, ou à peu près, on jette de là-haut les objets qu'on trouve sous la main. Le dirigeable rebondit au moindre allègement, mais sans force : il ne remonte que pour descendre plus bas.

« Et ce qu'il y avait en bas, nous ne pouvions encore le voir », dit Behounek.

Ils étaient en plein brouillard. Ils tombaient toujours. Panique. Ordre de Nobile : « Arrêter deux moteurs. » En pleine marche, en effet, nul n'eût survécu. Ils étaient à dix mètres de la glace. En bas, une surface hérissée, aux raides arêtes.

*

— Vous tombiez. Que pensiez-vous, que sentiez-vous à ce moment-là ? demande T., correspondant de la *Pravda* de Léningrad.

— Nous ne pensions qu'à vivre, à ne pas être brisés, dit le professeur Behounek.

Le choc fut violent. La gondole ou cabine d'arrière (dont le mécanicien s'appelait Pomela) se heurta aux aiguilles de glace et se rompit. Pomela fut tué. Le dirigeable, qui marchait contre le vent, obliquait sur la banquise, s'accrochait, tournait et traînait, battu de plus en plus fort, agrippé. Une dernière course de dix mètres. Les coups se multipliaient. La gondole d'arrière fut fracassée, coupée en deux sur le dur océan blanc. Nobile et son chien tombèrent sur une couche de neige de 40 à 60 centimètres, ce qui les sauva. Neuf hommes sur des neiges éternelles, et un chien. Les instruments avec eux. Malmgreen avait une clavicule brisée et les côtes, du côté gauche, froissées.

Nobile avait perdu connaissance.

Les liens de la gondole d'arrière avaient cédé. L'*Italia* s'envolait. Enlevée par le vent. Le gaz fuyait. Cependant, combien d'hommes avaient été sauvés ? On regardait autour de soi. Quelques blessés Et l'on était neuf vivants, avec une bête-mascotte.

*

Un quart d'heure après la fuite du dirigeable, on aperçut, au sud-ouest, de la fumée, mais aucun feu. A 15 kilomètres environ. De la fumée... La grosse machine était-elle finie, morte ?

Quel espoir garder encore ?

Les Italiens fouillaient les débris de leur gondole. Ils y trouvèrent, par bonheur, bien des choses.

« *S. O. S.* Italia *Nobile près île Foyn, à vingt kilomètres...* »

*

DESCRIPTION DE CIIPANOV, APERCEVANT
LE GROUPE VIGLIERI :

« Il nous faut quelques heures avant que le *Krassine* aborde les glaces entourant le grand champ qui sert d'abri flottant au groupe. Avec prudence nous approchons du champ au bord duquel un homme de grande taille, au visage brûlé, couvert d'une barbe épaisse, se promène avec patience et d'un air mesuré avec intention ; c'est le chef du groupe, Viglieri lui-même. Les autres membres se tiennent auprès de la tente autour de laquelle sont rangés les bagages assez copieux pour une expédition polaire. Un seul homme, de taille énorme, de constitution de géant, le mécanicien Cecoioni, sautille avec impatience, appuyé sur deux rames qui lui servent de béquilles ; il ne peut se maî- triser comme les autres, car il se rappelle trop l'impression qu'il éprouva lorsque Lundborg, après avoir emmené Nobile, revint au champ pour l'emporter à son tour, lui, Ceccioni, blessé et qui s'était traîné sur le ventre à la rencontre de l'avion-sauveur ; il éprouva alors le désespoir tragique de voir son salut perdu. On dit que Ceccioni eut alors une crise d'hystérie... [1]

« Quelques heures après notre abordage, lavés, habillés, malhabiles dans nos hautes bottes russes, les membres du groupe sauvé étaient assis dans le salon de notre bateau. Peu à peu, à mesure qu'ils enlèvent leur barbe épaisse, ces visages perdent ce qu'ils avaient de commun entre eux. Devenu le bel et élégant officier qu'il fut toujours, le rude explorateur polaire Viglieri ne veut plus coucher dans la même cabine qu'un simple mécanicien... A mesure que Zappi reprend son aspect de *capitano di corvetta*, il ne permet plus à notre marin de l'appeler « camarade » et exige d'être traité de « monsieur ». Tout au plus consent-il à s'entendre interpeller à notre manière, Philippe Pétrovitch.

« Au moment où nous remettons tout le groupe au

---

1. Ce texte a été traduit en Russie. Nous ne le corrigeons pas. Nous l'aimons comme il est. — *M. P.*

Città-di-Milano, toute la simplicité polaire des voyageurs malheureux disparaît, et nous avons livré aux soins du capitaine une charge vivante, non d'hommes barbus, causeurs, disposés à faire part de leurs impressions, mais d'hommes silencieux, qui évitaient les franches réponses : un groupe de fascistes... »

*

Les rescapés de ce soir-là étaient : Viglieri, chef du groupe, lieutenant de vaisseau ; Behounek ; l'ingénieur Trojani, Ceccioni et Biagi.

Par erreur, nous avons imprimé que l'aviateur Lundborg était du nombre. Un lecteur a eu l'obligeance d'attirer notre attention sur ce point important.

Lundborg avait déjà été sauvé, le 6 juillet, par son camarade, le lieutenant suédois Schyberg.

Mais l'appareil de Lundborg était resté là, dans une position excentrique, complètement renversé, comme le montrent les photographies.

On en recueillit et détacha toutes les pièces de quelque valeur.

Le camp du groupe était relativement bien

DÉCOUVERTE DU GROUPE VIGLIERI.

Russ-Photo.

aménagé : il y avait une tente (ayant appartenu personnellement à Nobile), un brasero pour la cuisine, le mât de la T. S. F., un dépotoir. Il restait des provisions.

Lundborg a décrit sous des couleurs sombres la vie du camp Viglieri, les inquiétudes, les disputes, les joies fiévreuses, les désespoirs des rescapés, perdus tantôt dans des cyclones et tantôt dans l'implacable silence des neiges.

Zappi et Mariano s'agitèrent, on le devine, quand on leur annonça le sauvetage et la visite de leurs compatriotes. Mais l'entretien fut bref, par ordre du médecin.

C'est sans doute pourquoi le professeur Behounek n'a pas demandé de nouvelles des deux lettres qu'il avait confiées au malheureux professeur Malm-green.

Il était entre 9 et 10 heures du soir.

Un épais brouillard monta sur la banquise. Le *Krassine* jeta ses ancres et resta sur place.

LE « KRASSINE » DEMANDÉ VAINEMENT DU RENFORT. DÉLIVRANCE DE TCHOUKH-NOVSKY, DANS UNE TEMPÊTE. RETOUR A LA BAIE DU ROI.

Le *Krassine* est à l'extrémité de la terre du Nord-Est, aux environs du cap Leigh Smith, au sud de l'île de Foyn.

Sa tâche est maintenant de retrouver, si possible, le groupe Sora, qui s'est égaré à la recherche de Malmgreen, puis de recueillir Tchoukhnovsky et ses quatre compagnons, immobilisés quelque part près des Sept-Iles, au nord de la même terre du Nord-Est, puis de poursuivre l'exploration de l'immense désert blanc, entre le Spitzberg et la terre François-Joseph, à la recherche de la deuxième nacelle de l'*Italia* et du *Latham*.

On ne s'inquiète pas trop de Tchoukhnovsky, avec lequel on est en communication par radio. Mais on sait que son avion est hors de service. Celui de Lundborg est une ruine.

Or, il est impossible, il serait certainement vain d'entreprendre la nouvelle expédition sans le secours d'un éclaireur volant. Il est tout naturel que l'on s'adresse, pour obtenir un aéroplane, à la base italienne, au *Città-di-Milano*, où le général Nobile se fait soigner.

Ainsi décident les responsables Samoïlovitch et Oras. Ils ne songent pas à faire valoir que le navire a déjà son gouvernail endommagé et **une** hélice brisée. Ils veulent risquer le tout pour le tout. Mais il leur faut du renfort, sans quoi ils resteront paralysés.

La demande du *Krassine* donne lieu à un échange de télégrammes dans les journées du 13 et du 14 juillet.

Samoïlovitch recevra de Rome ce radio de félicitations :

« 13 juillet. — Vous avez accompli une œuvre qui restera historique dans les expéditions au pôle et dans les gestes de généreuse humanité. Je vous

*remercie, au nom des Italiens et je vous prie de remer-
cier tous vos collaborateurs.*

Mussolini.

Ce n'est pas fleuri et lamé d'or comme du d'An-
nunzio ; pourtant, c'est bien ; mais cela ne suffit
pas pour le moment...

L'impression est gâtée par un autre télégramme
qui, parlant au nom du gouvernement italien,
déclare ne pouvoir prêter au Krassine *l'avion demandé* et le prie de ramener le plus vite possible
les rescapés à Ny-Aalesund (Baie du Roi).

*Le télégramme, qui ordonnait aux rescapés de
garder un silence absolu sur l'histoire de l'expédition,
fut transmis sous la signature du capitaine Romagno,
commandant le* Città-di-Milano.

*

Conversation avec des chauffeurs, des mécaniciens, des manœuvres, qui venaient de sauver
Viglieri, qui se trouvaient peut-être à vingt ou
trente kilomètres des autres naufragés de l'*Italia*,
et qui, faute d'éclaireur, ne pouvaient plus continuer
la recherche :

— Le gouvernement italien vous ayant félicités et vous ayant refusé les moyens de continuer les opérations de sauvetage, que disait-on chez vous ?

— Ça nous a fait un sale effet... On se demandait pourquoi on se trouvait là...

— On ne pouvait pas s'empêcher de penser que Nobile était embêté de nos succès...

— Nobile avait les moyens. C'était « rageant » d'être obligés d'arrêter...

— Moi, on ne m'ôtera pas de l'idée que Nobile et son gouvernement se fichaient pas mal du sort de l'autre gondole, où il n'y avait que *des ouvriers*...

Nos amis se trompaient un peu : la nacelle disparue portait aussi Pontremoli, physicien très estimé. Samoïlovitch a reçu, à Stavanger, la copie d'une lettre de Mme Pontremoli, la mère, et des demandes de secours, en faveur de ce jeune savant, venues de diverses institutions académiques, de divers centres européens.

*

Journal de Lehman :

« *Vendredi*, 13 *juillet*. — Le temps est devenu mauvais, et il y a un brouillard épais comme du lait.

On ne voit rien autour de soi. Nous sommes toujours à la même place, près de la banquise d'où nous avons enlevé le groupe Nobile. » (Lisez toujours : Viglieri ; Lehman n'est pas très fixé.) « Nous avons chargé tout leur bric-à-brac sur notre *boîte*, et même nous avons démonté l'avion brisé, et l'avons pris à bord. Également, sur l'indication des Italiens, nous avons trouvé les restes, à moitié noyés entre les glaçons, de la gondole.

« Et tout ce qui valait quelque chose nous l'avons chargé sur le navire. Nous avons attendu ici du jour d'hier au jour d'aujourd'hui. » (Il n'y a pas de nuit.)

Lehman reprend, dans l'après-midi :

« Un vent fort a soufflé du rivage et le brouillard commence à se dissiper.

« Le vent souffle des rivages, presque en poupe, et toute la glace, cassée en petits morceaux par le vent, s'en va vers l'océan.

· « Si hier, nous n'étions pas arrivés à temps pour *les* enlever de leur glaçon » (Lehman pense à Zappi et Mariano), « ils se seraient sûrement perdus aujourd'hui.

« Nous nous sommes sortis des banquises et nous allons, par des eaux libres, le long des îles, cher-

cher le groupe du capitaine Sora, du vapeur *Braganza,* qui (Sora) avec deux compagnons italiens »,
erreur — *avec un seul* « et un Suédois, avec des
traîneaux et des chiens, est allé chercher le long des
rivages le groupe *Malgrème.*

« Mais nous recevons un radio comme quoi un
avion suédois les a trouvés, et en a enlevé deux
d'une île, et a laissé le troisième avec les chiens,
n'en pouvant probablement prendre plus. »

Ce renseignement est à peu près exact.:

Le capitaine italien Sora et Van Dongen furent
sauvés par un aviateur suédois dont nous ne savons
pas le nom (on le retrouvera certainement dans la
presse scandinave) ; le guide norvégien Warming
était resté avec les chiens près du cap Brunn,
et c'est pourquoi l'avion ne l'a pas recueilli.

Le *Krassine* n'a donc plus maintenant qu'à
s'occuper de Tchoukhnovsky, puisqu'il n'a pas les
moyens de continuer ses recherches en vue de
retrouver la deuxième nacelle de l'*Italia*, ainsi que
Guilbaud et Amundsen.

Lehman :

« *Samedi,* 14 *juillet.* — Nous nous dirigeons vers
l'endroit où nous avions d'abord stoppé, où nous
avions descendu sur la glace notre avion soviétique

avec le camarade Tchoukhnovsky, le camarade
Straube, le télégraphiste, l'opérateur de ciné et
le mécanicien, au total cinq hommes. Nous sommes
en relations avec eux, et le camarade Tchoukhnovsky
nous fait savoir qu'ils se trouvent dans un détroit.
sur la glace, entre des îles, à un mille de la terre,
et qu'ils chassent. Ils ont tué deux rennes. »

Notons que la pêche ne rend pas du tout dans
ces parages. Les marins du *Krassine* ont essayé
plusieurs fois de prendre du poisson et n'ont rien
attrapé. Leurs procédés n'étaient peut-être pas
ceux dont il convenait d'user. Quant aux mouettes
et aux pingouins qu'on apercevait, cela n'est bon
qu'à empailler. On voyait des phoques et des
morses. Mais il faut arriver à l'extrême pénurie
alimentaire pour chasser ces animaux dont les
dépouilles n'ont qu'une valeur industrielle.

« *Dimanche, 15 juillet.* — Nous nous frayons
un chemin dans une glace épaisse et accidentée.
Le temps commence à se gâter. Tout s'est enveloppé
d'un brouillard épais. Il pleut à grosses gouttes.
Ensuite c'est de la neige à gros flocons, et même
de la grêle. A certains moments, pour une minute,
il y a une éclaircie, et alors *nous apercevons notre
avion.* Mais il est très difficile d'arriver jusque-là...

Parfois, nous nous arrêtons, coincés dans le pack,
et il n'y a pas moyen d'en redescendre en faisant
machine arrière. Nous sommes obligés de vider
nos citernes de l'avant pour soulager le bateau
et nous dégager de la haute glace. Alors, on reprend
de l'élan sur l'eau libre et on revient se planter,
de toute la force du bateau, dans la brèche. On
avance ainsi, très lentement. On a lutté ce soir,
jusqu'à une heure avancée de la nuit, mais on n'a
pas encore atteint le but. »

*

.Pluie, neige, grêle, rafales : une de ces sautes
brusques de température, déterminant des courants
aériens d'une violence inouïe, que le professeur
Griffith Tailor, géologue et connaisseur des vents
polaires, définissait, ces jours-ci, dans le *Times*
comme un phénomène caractérisant le régime
arctique.

A distance, on aperçoit par moments l'avion
de Tchoukhnovsky. La distance à parcourir n'est
donc pas très grande. Mais quelle bataille il faut
livrer ! Et quel autre navire que le *Krassine* eût
remporté la victoire ?

Lehman a regagné sa cabine à l'arrière, flagellé par la tourmente, et il s'endort du sommeil du juste, roulant sur son cadre aux coups violents du bateau qui crève la banquise de tout son poids, dans un fracas d'artillerie.

Il écrit le lendemain :

« *Lundi, 16 juillet.* — Nous avançons lentement. Le temps est épouvantable. Une tempête de neige sévit. Devant nous, bien que nous ne soyons qu'à deux ou trois verstes » (kilomètres) « de notre avion et du groupe de Tchoukhnovsky, on ne voit absolument rien.

« Ce matin, deux hommes ont déclaré qu'ils désiraient aller à skis par la glace au-devant des nôtres, pour leur porter quelques vivres et des médicaments.

« Ils sont partis : un de nos radiotélégraphistes, un jeune gars qui a passé trois ans dans une expédition polaire ; l'autre est le correspondant de la *Pravda des Jeunesses communistes de Moscou (Komsomolskaïa Moskovskaïa Pravda).* Ils sont partis.

« Nous attendons leur retour dans la plus grande contention. Mais nous-mêmes, nous ne bayons pas aux corneilles *(né zévaam)* et tout doucement nous creusons notre chemin, nous guidant sur la boussole. Alentour, on ne voit rien, si ce n'est des champs de glace et cette tourmente blanche qui nous cingle de gros flocons collants. »

*

« Tout à coup, il y a une éclaircie dans l'ouragan, et nous avons distingué devant nous un groupe qui marchait : un homme en tête, précédant de beaucoup les autres, sur ses skis ; derrière lui, deux groupes en ordre dispersé. Nous étions étonnés : le nombre de ceux qui venaient à nous était de dix, certains en comptaient même onze. Pourtant, sur notre avion, il n'y avait que cinq hommes. Avec les deux qu'on avait envoyés à leur rencontre, ça ne devait faire que sept.

« Alors, sur notre bateau, se répandirent des bruits divers : quelqu'un criait qu'on avait trouvé le groupe d'Amundsen.

« Celui qui marchait en tête arriva sous notre bord et, ayant lu le nom du bateau, cria :

« — Hourra au *Krassine !*

« Et il secouait en l'air son bonnet.

« C'était le pilote du *Braganza* et, avec lui,

trois Italiens, qui étaient partis de leur bateau
pour sauver nos aviateurs et leur avaient apporté
beaucoup de provisions et de vêtements chauds.
Ils avaient parcouru à pied une distance de dix
milles en trois fois vingt-quatre heures, et n'étaient
arrivés qu'un quart d'heure avant les deux hommes
que nous venions d'envoyer. »

*

« Nous avons arrêté le bateau et leur avons jeté
l'échelle de corde.

« Alors, ce fut la joyeuse rencontre de nos hôtes »
(imprévus) « et des camarades perdus. Tous étaient
sales, à barbe longue. Le correspondant de la
Pravda des Jeunesses hissait à bord les bois d'un
des rennes tués. Tous, on se serrait la main, et que
de choses intéressantes et de félicitations ! Sur le
pont arrivent en courant les Italiens du groupe
Valieri (sic) que nous avons sauvés. Mais ceux
de *Malgrème* sont couchés à l'infirmerie, le docteur
ne leur permet pas encore de sortir.

« Dans l'ensemble, c'était un tableau très intéressant au milieu des champs de glace de l'extrême
Nord.

« Le soir, au souper, le pilote norvégien vint dans notre réfectoire. Il a été engagé comme guide par les Italiens parce qu'il est un chasseur professionnel de ces endroits. J'ai appris qu'il parlait un peu l'allemand... »

Lehman est toujours heureux de pouvoir parler allemand : c'est pour lui une langue plus facile que le russe.

En bon ouvrier, il s'intéresse toujours à l'existence des travailleurs de « par le monde ». Aussi interroge-t-il avec insistance le Norvégien.

Celui-ci raconte qu'il est de Tromsoë, où il a une femme et des enfants. Il n'est pas rentré au pays depuis six ans. Il vit de sa chasse et se fait un pécule parce qu'il y a un grand chômage chez lui : une peau d'ours lui est payée par les intermédiaires 200 couronnes (1.500 francs) ; une peau de renard blanc, de 350 à 400 couronnes (dans les 2.700 à 3.000 francs).

Du pôle aux épaules d'une élégante, il y a du chemin. Que peuvent bien valoir ces fourrures dans les magasins de Londres ? Nous n'avons pas le temps de nous en informer...

Il y a un homme, là-haut, tout au nord du Spitzberg, qui cherche pour les dames des peaux plus

distinguées que celle du lapin, et qui, lui, n'a pas
vu sa femme depuis six ans.

*

Les aviateurs du *Krassine* n'avaient nullement
souffert de cette semaine passée « au grand air »,
si l'on peut dire. Leur seule privation avait été de
manquer de sel : ils avaient oublié d'en emporter.
L'expédition de secours que leur envoya le *Braganza* commit le même oubli : ses traîneaux étaient
chargés de victuailles, mais n'apportaient pas un
grain de ce condiment indispensable. Cependant
Tchoukhnovsky, qui, par métier, ne perd jamais
le nord, avait réparé la négligence de la façon la
plus simple : il faisait bouillir et évaporer de l'eau
de mer. L'inconvénient de cette opération était
d'exiger du combustible en quantité et de ne donner que de médiocres résultats.

Cette contrariété fut compensée par le plaisir
et la fierté que ressentaient ces hommes des succès
de leur brise-glace ; aussi vécurent-ils ces mémorables journées, sous les vents furieux, sous la neige
aveuglante, perdus dans le chaos polaire, avec un
entrain et une vaillance qui ne fléchissaient pas.

Ils suivaient par la pensée le robuste navire et, s'oubliant sans peine, partageaient le bonheur de leurs lointains camarades.

Le mardi, 17 juillet, de minuit à sept heures du matin, l'avion de Tchoukhnovsky fut repris à bord. Comme pour la descente, il avait fallu édifier un plan incliné, joignant le haut du navire et le chevalet de repos de l'appareil à la banquise. Et alors : « Oh ! hisse ! » Puis on rapporta les madriers on ramassa les outils, les menus objets, les débris, les dépouilles de bêtes, on jeta un dernier coup d'œil sur ce coin de solitude effroyable où personne, peut-être, ne reviendra jamais : le pôle, pour cette fois, avait rendu tout ce qu'il était possible de lui arracher, de mort ou de vif...

*

Mariano délirait à l'infirmerie.,

Zappi se livrait à des colères grotesques, à propos de compote...

En route !

Sonneries des commandes aux trois machines.

La glace est dure, haute, hérissée. Un grand vent vous déchire les oreilles et vous brûle les joues par

bâbord. La glace casse. On tombe. On recule.
On repart. On remonte et on pèse sur la barrière.

Dans l'après-midi, le *Krassine*, contournant les
Sept-Iles, parvient à cette région nord du Spitzberg que la banquise ne bloque pas toujours. Le
Braganza s'y trouve momentanément emprisonné.
On l'aperçoit vers trois heures : il a le drapeau
norvégien à son grand mât et le drapeau italien
sur la brigantine. On pousse vers lui.

Il a fallu un quart de journée au puissant brise-
glace pour l'atteindre : les Italiens partis de ce
bateau à pied, pour ravitailler Tchoukhnovsky,
avaient cheminé trois jours pleins : qu'on juge de
l'effort et du risque !...

Le *Braganza* est un assez mince bateau de bois,
portant deux mâts, pourvu d'une machine. Son
équipage se compose de 14 Norvégiens et de 15 Italiens. Son port d'attache est Tromsoë.

Les Russes courent et montent sur ce bateau.
On fraternise, bien sincèrement. Blumstein filme
la rencontre.

A la proue aboient dix chiens polaires, « noirs
comme des ours de montagne ».

Ce sont des animaux précieux, que l'on soigne
jalousement. Ioudikhine, radiotélégraphiste du

Krassine, qui a vécu trois ans hors du monde, dans une des nouvelles stations météorologiques créées par le gouvernement des Soviets sur les confins de l'extrême Nord, nous assure qu'en ces régions désolées tous les chiens sont repérés et enregistrés : ils ont un état-civil.

« Là-haut, nous dit-il, la vie est dure et monotone. On s'y énerve facilement. On souffre surtout du manque de femmes. Mais on n'hésiterait pas à donner cinq femmes pour un de ces chiens, de la bonne race... »

*

Tout le matériel qui appartenait au *Braganza* fut rapporté au petit vapeur.

Il y avait, sur ce bateau, un jeune docteur italien, le second de celui qui était resté sur le *Città-di-Milano*.

Srednevsky le pria de rester à bord du *Krassine*.

L'état de Mariano s'était aggravé. La gangrène consécutive à la congélation, se déclarait. C'est ce que les médecins appellent exactement la gelure. Selon Srednevsky, il fallait au plus vite couper un pied à Mariano.

Zappi entendit cela et éleva une protestation violente. Le jeune docteur soutint Zappi : l'opération ne lui semblait pas s'imposer.

Pour Srednevsky, son diagnostic n'était que trop sûr.

Il consulta ses chefs.

Le professeur Samoïlovitch, considérant que les avis étaient partagés, et prévoyant avec raison la malveillance des commentaires, persuada Srednevsky de différer toute mesure radicale jusqu'au retour du *Krassine* à la Baie du Roi. Dans quarante-huit heures, le brise-glace aurait rejoint la base italienne, et les vrais responsables décideraient.

Srednevsky, après nouvel examen, s'inclina.

Le brise-glace repartit et fit bonne route.

*

Vers onze heures du soir, on cria : « Des ours ! des ours ! »

On en voyait deux, l'un par tribord, l'autre sous bâbord.

Déjà les fusils partaient. Une mitraille.

Une des bêtes, blessée, réussissait à disparaître dans une crevasse lointaine. L'autre, touchée plus grièvement, s'était assise. Un homme courut à elle et lui déchargea son fusil à bout portant dans la tête : la balle traversa de part en part le museau. L'ours rugit, se coucha tout à fait, se frottant le nez dans la neige, comme pour se débarrasser de quelque chose de gênant, puis, après quelques soubresauts, resta immobile.

La grosse pièce fut hissée à bord.

Blumstein avait filmé les péripéties de cette chasse. Nous les verrons sans doute à l'écran.

✱

Le 18 juillet, le *Krassine* sortait de la banquise dans laquelle il avait commencé sa percée le 30 juin, et il roulait lourdement sur d'énormes vagues [1].

Il descendait vers l'île d'Amsterdam. Nous avons déjà dit que les cartes de ces parages sont mauvaises, hérissées de fausses indications comme le sont les fonds de roches sous-marines. La marche était donc assez lente et l'on s'arrêtait souvent. Bérezkine sondait la mer, au grand dam de ceux qu'il racolait

1. Le *Krassine* n'est pas fait pour les eaux libres. Il roule toujours, même par le calme. Son angle d'oscillation dépasse fréquemment 25°. — *M. P.*

pour l'aider à cette opération. L'ami T., qui y fut pris plusieurs fois, en était excédé : ce n'était évidemment pas pour cela que la *Pravda* l'avait délégué à l'expédition... Et les hommes, trouvaient aussi que la science est trop exigeante ; « on murmurait » ; on avait hâte de descendre de « la boîte » et de faire une bonne balade sur le plancher de tout le monde, improprement appelé le plancher des vaches.

*

Le 18 juillet, le cuisinier du *Krassine*, Panov, a un entretien avec le capitaine Egghi, qui lui demande de dépouiller l'ours tué la veille.

Panov, pour ce travail supplémentaire, veut quinze roubles. C'est long à faire, dur et dégoûtant. Pour la même besogne sur le corps du premier ours (vous vous rappelez, cette grosse mère ?) Panov n'avait réclamé que dix roubles. Mais tout le monde est bien de son avis. Vas-y pour quinze roubles !

Tous ceux de l'équipage qui sont libres viennent voir écorcher le cadavre blanc de *Micha*. Un bel animal ! Et gras ! Et gros ! Un loustic attache

un morceau de lard d'ours à une ficelle et jette
ça sur l'eau. Une mouette s'y prend, elle est prise :
toute belle, la blanche oiselle, mais entre les doigts
du « pêcheur », elle mord terriblement, jusqu'au
sang. On la regarde, on se la repasse (avec des précautions) et on lui rend sa liberté.

Dans le jour assombri, on s'amuse à jeter à ces
oiseaux des morceaux d'ours. C'est une nuée folle
d'ailes battantes et de becs criards...

*

Le lendemain, le *Krassine* arrivait à la Baie du
Roi.

A LA BAIE DU ROI. VISITES. UN INCIDENT TRAGI-COMIQUE. LES CHARBONNAGES DU SPITZ-BERG.

La Baie du Roi (en anglais : *King's Bay* ; en norvégien : *Kongs Fjorden)* est le seul point du Spitzberg que l'on puisse dire habité par une agglomération permanente. Elle s'enfonce à une dizaine de kilomètres dans la côte occidentale de la terre de l'Ouest, en face et un peu au-dessus de l'île du Forland. Relativement facile aux vaisseaux, devant le « port » de Ny-Aalesund, elle a une station de géophysique à la pointe de la presqu'île, une station de radiotélégraphie, et ce hangar d'où partit l'*Italia* ; elle aura prochainement une petite centrale électrique, que l'on construit en béton ; enfin, l'on y **voit** des maisons et une rue... C'est probablement, sous les glaces polaires, l'extrême avant-poste de l'industrie, car il y a là des charbonnages, et la bourgade est un coron.

Ces minces commodités désignaient d'avance la Baie du Roi comme base aux expéditions de secours.

Le *Krassine*, dégagé de la banquise et doublant l'île d'Amsterdam, parvint à ce but le 19 juillet, à 9 heures du matin.

Pour nos hommes, le spectacle, qui n'avait pourtant rien de bien nouveau, parut magnifique : un cirque de montagnes blanches, sillonnées de gros traits noirs et gris par des schistes : c'était *de la terre*... la terre et la vie... Ces huttes, ces maisonnettes, là-haut, c'était, avec leurs petites fenêtres peintes, avec leurs palissades, la civilisation... Dans un cadre certes rigoureux : les cimes inaccessibles et moroses ferment l'espace et jettent leurs chaînes de froid sur les entreprises des hommes. Deux énormes glaciers les enserrent de leurs masses bleuâtres, « blocs de marbre », dit Lehman, « qui tombent éternellement à la mer ».

Quatre navires étaient embossés dans la baie, à courte distance les uns des autres : un cargo norvégien, qui était venu prendre du charbon ;

deux vapeurs scandinaves, le *Tanja* et l'*Hobby*, bases du secours suédois que dirigeait le capitaine Tornberg et dont l'aviateur Lundborg avait sauvé Nobile ; enfin le *Città-di-Milano*.

Dès que les manœuvres furent achevées, quand le *Krassine* fut à l'ancre, Samoïlovitch et Oras se rendirent en visite chez le général de Mussolini. Nous n'avons pas obtenu de détails sur cette entrevue, ou presque point. Les Russes furent félicités et remerciés. Ils examinèrent avec le chef italien les perspectives d'une nouvelle campagne de sauvetage, mais dans les termes les plus vagues. Nobile leur sembla « déprimé ». Il déclara qu'il était rappelé par son gouvernement.

A peine les chefs de l'expédition soviétique rentraient-ils à bord qu'un canot à moteur se détacha du *Città-di-Milano*, amenant le capitaine Romagno et ses officiers, qui venaient rendre la politesse. Nobile se dispensait de ce devoir : il était malade.

*

En même temps survenaient, dans un autre canot, un Américain, opérateur de ciné, envoyé de

New-York pour filmer le *Krassine*, et un cinéaste italien.

Blumstein, comme représentant du *Sovkino*, et les chefs du brise-glace n'étaient pas du tout disposés à permettre que l'Italien prît des vues du *Krassine*, car le *Città-di-Milano* avait refusé de donner accès à l'opérateur du cinéma soviétique.

L'Américain avait subi la même vexation de la part des Italiens.

On le laissa monter sur le *Krassine*.

Le confrère italien allait le suivre, chargé de son barda : une lourde caissette sous l'aisselle, le pesant appareil, le pied et divers accessoires aux poings. Comme il s'avançait vers l'échelle de coupée, il fit un faux-pas et tomba, bien proprement, à l'eau avec son bagage.

Il savait nager, mais il ne voulait pas lâcher son matériel qui l'entraînait au fond. Il barbotait terriblement et buvait par gorgées de la mauvaise tasse.

New-York est féroce : son représentant, du haut du *Krassine*, « riait comme un diable » et filmait la noyade.

Un marin rattrapa fort heureusement le héros de l'aventure par le bout de son sweater et par le fond de sa culotte. Plié en deux, le confrère avait la tête dans la mer, mais ne se rendait pas : il fut sauvé tout entier, c'est-à-dire en bon soldat, avec ses armes. N'a-t-il pas mérité une médaille, dites un peu ?

L'Américain riait toujours et criait au noyé que c'était « un châtiment de son dieu fasciste... »

Résultat : un film perdu pour l'Italie, un de gagné pour la chanceuse Amérique.

*

On travailla dans cette journée du 19.

Zappi fut envoyé chez lui, sans embarras : il marchait comme tout le monde. Mariano fut descendu en civière, avec toutes les attentions possibles, et repris sur le bateau italien. Ce qui restait de l'appareil de Lundborg fut rendu. Le groupe Viglieri rentrait joyeusement parmi les siens.

Il y eut une consultation devant le nouveau lit de Mariano : trois docteurs, celui du *Città-di-Milano*, le jeune médecin que l'on avait ramené du *Braganza* et Srednevsky.

La gangrène avait gagné, l'amputation était urgente. Les médecins italiens n'osaient s'en charger.

Srednevsky, sur leur demande, consentit à faire l'opération. Ils voulaient qu'elle fût limitée à la partie du pied qui avait noirci. Srednevsky leur remontra que, contre la gangrène, une opération n'est décisive qu'à condition de trancher beaucoup plus haut. Ils en convinrent, enfin.

L'amputation dut être faite sans chloroforme. Elle fut cruelle. Mariano l'endura avec courage. Il a la jambe coupée au-dessous du genou. Depuis, il a repris des forces. Il devait vivre, Il le doit. Il faut qu'un de ces jours, un jour, il puisse parler...

*

Le vendredi 20 juillet, une partie de l'équipage du *Krassine* descend en chaloupe et va à terre, à travers des glaces flottantes qui glissent dans la baie. Le rivage est rocheux. Temps de brume.

Le coron se compose de vingt-cinq maisons environ : il y a la poste, une épicerie, une boulangerie, et un tout petit hôpital. Comme dans toute la Norvège, la vente de l'alcool est interdite. Mais il faut compter avec la contrebande qui fournit du whisky en notables quantités. La bière, permise, coûte 60 œre (près de 5 francs) la bouteille.

La mine, qui appartient à une compagnie anglo-norvégienne (les Hollandais y ont renoncé parce que cela rapporte trop peu) commence à ciel ouvert. Nos Russes y descendent.

Le premier parcours est de 700 mètres en pente, et l'on se trouve à 200 mètres sous la montagne. L'exploitation fournit dans les 300 tonnes de charbon par jour : mauvais combustible, qui fume plus qu'il ne travaille, nos chauffeurs en savent quelque chose. C'est pourtant une ressource intéressante pour la Norvège qui n'a pas d'autres houillères.

Les salaires sont de 16 couronnes (120 francs) pour huit heures de travail par jour. Au coût de la vie là-haut, cela représente 40 ou 35 francs.

Les mineurs font pourtant quelques économies. Autrement, ils ne viendraient pas. Il ne faut pas oublier que la Norvège est un pays de formidable émigration, un pays qui ne nourrit pas son homme. Les ouvriers de la Compagnie ne peuvent rester que deux ou trois ans à vivre sous ce climat. L'existence est impossible. Quand on sort du chaud de la mine, on ne trouve au dehors que des glaces ou le cabaret. Il y a parfois jusqu'à 40 ou 48 degrés de gel en hiver. En été, à peine voit-on un peu de mousse, et de petites fleurs jaunes dans la vallée voisine. On rencontre quelques rennes sauvages.

Sur 250 habitants, il y a 40 femmes, généralement laides, mais toutes « plus courtisées que la plus belle de la Nevsky ». Elles sont très réservées, et se cachent dans leurs maisons.

On compterait six cas de folie par an, causés par les conditions anormales de la vie et par l'ennui.

Toutes ces observations et notations viennent de travailleurs de notre brise-glace.

Ce 20 juillet, un vapeur allemand, portant des touristes, entra pour quelques heures dans la Baie du Roi. Les passagers désiraient voir cette curiosité, le *Krassine, etwas kolossales.* Nos marins furent très entourés dans la rue de Ny-Aalesund, et photographiés à tour de bras par des messieurs « gros à ne pas les prendre en voiture » (Lehman), par des dames et des demoiselles « très appétissantes ».

Aucun malheur à signaler. Le vapeur allemand repartit au complet et sans avarie.

Le 21, Tchoukhnovsky, homme sérieux, décidait de rester à Ny-Aalesund, de réparer son avion et de pousser si possible quelques reconnaissances

pour retrouver les six hommes perdus avec la
deuxième nacelle de l'*Italia*.

*

Le 22 juillet, clair soleil, temps sec, un froid de
dix degrés ; au goût des nôtres, une belle journée.

Pour descendre l'avion, dont on avait remplacé
les patins par des flotteurs, le *Krassine* vint se
mettre par le travers devant la proue du *Città-di-
Milano* : les câbles conjugués des deux navires,
croisant leurs palans, assurèrent une pose impec-
cable et l'appareil, remorqué vers une anse, fut
remisé jusqu'aux réparations que Tchoukhnovsky,
Straube et Fédotov devaient commencer, en atten-
dant le bateau qui leur rapporterait de Bergen
quelques pièces essentielles.

Le *Città-di-Milano* se préparait au départ, pour
ce jour même, et comptait toucher un des premiers
ports de la haute Norvège, où il trouverait un
hôpital : l'état de Mariano donnait encore de l'in-
quiétude.

Le *Krassine*, avant d'aller se « soigner » plus
au sud, était obligé de se refaire en eau et en charbon.

Une partie de l'équipage était libre : les hommes

en congé firent une belle excursion dans la montagne. Partis à cinq heures du soir, ils ne rentrèrent qu'à onze heures. Excellents marcheurs, ils s'étaient éloignés de 14 kilomètres, atteignant le pied d'un glacier, et comme ils avaient quelques carabines, ils chassèrent. Au tableau, dix-huit canards (seize pour la part du docteur Srednevsky), deux mouettes et un pingouin que tua Lehman.

Il y avait à Ny-Aálesund deux avions italiens et deux norvégiens qui n'ont pas servi. C'est donc un fait que le gouvernement de Mussolini, en refusant au *Krassine*, le 13 juillet, le renfort demandé, a pu causer la perte de plusieurs hommes.

Le lundi, 23, le départ du *Krassine*, prêt à appareiller, fut impossible. Le brouillard avait envahi la baie dangereuse. Un avion allemand survola le brise-glace et repartit.

Tout l'équipage était consigné à bord.

Le 24 juillet, brouillard encore. Cependant, vers le soir, il y eut des apparences d'éclaircie prochaine.

Et, à trois heures du matin, le 25, le *Krassine* levait l'ancre. Il prenait une marche lente, « économique ». Il refoulait quelques glaces flottantes.

LE FOKKER DE LUNDBORG.

Au centre : Viglieri et ses compagnons.

Press-Cliché, Moscou.

LA TENTE DU GROUPE VIGLIERI.

LE SAUVETAGE DU « MONTE-CERVANTES »

Tacotement tranquille des trois machines, à trois temps. Le capitaine va et vient, les yeux clairs, sur sa passerelle. Des neiges, de la roche, les eaux assombries.

A quatre heures, un **télégraphiste** escalade les **paliers** du deck : « Lisez ! »

Sur le papier jaune :

« S. O. S. Périssons, *Monte-Cervantes.* » (Le point exact : à 70 milles sud-ouest).

Aux commandes : toute vitesse !

Il faut tourner. On tourne. Réponse : « Nous venons ». Mais soudain, une avarie de machine. Quelque chose ne va plus dans la transmission de la volonté humaine aux éléments hostiles. On travaille une heure. Erchov, mécanicien-chef, est eu sueur. La réparation est faite. Cela semble marcher. On avance un peu.

Mais ce télégramme a sillonné les ondes :

« S. O. S. Ne pourrons tenir que seize heures. Venez vite ! »

Alors le mécanicien n'ose plus parler du soin de ses machines, et, tout le jour, le *Krassine* courut, comme il pouvait, avec une hélice brisée, sur le *Monte-Cervantes.*

*

Vers minuit, dans un fjord, on découvrit le navire, devant deux glaciers. Il était fortement incliné sur le flanc droit. Il piquait du nez. C'était un énorme vaisseau à deux cheminées, bâti pour passer les océans, de la Compagnie *Hamburg-Amerika-Linie,* service de l'Amérique du Sud. Les canots de sauvetage étaient chargés, bondés de gens, blancs de visages épouvantés.

Qui pourrait dire les clameurs heureuses, les frénétiques appels, les furieux applaudissements de cette foule quand elle aperçut, après des heures d'angoisse mortelle, son sauveur, le *Krassine ?* La multitude couvrait le pont et les ailes du navire.

Des affolés brandillaient les jambes sur les haubans, des femmes lançaient les appels dévoués de leurs petits mouchoirs, tous saluaient éperdument le bateau des Soviets.

Le *Monte-Cervantes*, qui promit, à Hambourg, de montrer les abords de la banquise à 1.500 touristes, avait écaché sa coque sur les premiers glaçons. Le capitaine eut la présence d'esprit de le jeter dans une anse de l'archipel, pour y faire naufrage « à l'abri ».

✱

En cette nuit du 25 au 26, il n'y eut pas de sommeil pour les deux navires. Les scaphandriers du *Krassine*, Jéloudev et Dmitriev, descendirent aussitôt sous le *Monte-Cervantes* : ils trouvèrent une entaille de 3 mètres de haut sur 2 m. 50 de large, et y collèrent d'abord une sorte de toile velue, un matelas de chanvre, inventé par un amiral russe, Makarov, pour aveugler les voies d'eau. Ensuite, ils travaillèrent à consolider leur œuvre en plaquant des planches comme un « emplâtre ».

Et les chefs du *Krassine* croyaient en avoir

bientôt fini avec le naufrage du *Monte-Cervantes.*

Le travail durait encore du 27 au 28. Le bouchage du trou fini, on mit trois pompes en action. Et cela ne rendait pas. Le navire allemand ne pouvait se relever. On s'en étonnait. Mais il y avait en effet, de l'autre côté de l'étrave, une autre déchirure, bien plus grave, quoique moins apparente, de quelques centimètres de largeur sur 2 m. 50 de long. Un des scaphandriers découvrit cette estafilade, et l'obtura provisoirement. Les pompes travaillèrent de plus belle.

Enfin, dans la soirée du 28, l'eau qui remplissait la coque du beau transatlantique fut épuisée ; le navire s'était redressé. Restait à enlever une partie du sable mouillé qui lui servait de lest et à cimenter ses blessures. Bonne nuit pour tout le monde. Le principal était fait.

*

Notes d'un Allemand, passager du *Monte-Cervantes* (extraits que nous traduisons de l'original) :

« Lorsque, dans l'après-midi du 17 juillet, le *Monte-Cervantes* quitta le port de Hambourg,

emmenant une multitude de personnes, aucun des
1.517 touristes ne pouvait deviner dans quelle
aventure il se trouvait engagé...

« Le voyage fut magnifique, par Bergen, Molde,
Tromsoë et le cap Nord que nous atteignîmes le
23 juillet... Bientôt nous nous trouvâmes en pleine
mer, entre le cap Nord et l'île aux Ours. Nous
entrions dans la zone des glaces flottantes. Pour la
première fois, le 24 juillet, nous vîmes le soleil
de minuit. Vers dix heures du soir se leva, au nord,
sur l'horizon, le rideau des nuages, et sous cette
masse violette, traversée par le rose de la lumière
solaire, nous discernâmes les glaciers et les solitudes
du Spitzberg... »

Bientôt le navire est entouré de gros glaçons qui
accourent à lui de tous côtés. « Ils étaient légion ».
Les touristes admirent, ils y passent la nuit et ne
vont se coucher qu'à l'aube, quand le *Monte-
Cervantes* a retrouvé les eaux libres.

Le capitaine est inquiet, et voudrait éviter de tels
assauts. A cinq heures du matin, il dirige la manœuvre, soucieux. Ses passagers s'endorment, ravis :
« ils ont eu la sensation de naviguer sur des rochers »...

Quand ils se réveillent, le *Monte-Cervantes* est
entré dans le Grön Fjorden *(im Grünen Hafen)*,

au-dessus du cap Starostine, sur la côte occidentale de la terre de l'Ouest.

« Alors se répand en sourdine le bruit de l'eau embarquée... On parle de la rupture d'un tuyau,... d'une crevaison... Personne ne sait rien de sûr... L'accès d'un des dortoirs est soudain interdit, et l'on tire de là des malles mouillées, des lits ruisselants... Des planches sont arrachées des cloisons... On grimpe aux plus hautes échelles... On entend le hiement des palans, ce sont les chaloupes que l'on s'occupe de parer... Cependant, le navire marche à toute vapeur, et le calme règne encore... Les apprêts, la mise en ordre des chaloupes sont expliqués comme les signes d'un débarquement prochain, et joyeusement accueillis... Personne ne sait encore que, dans la cabine de radio du *Monte-Cervantes*, un télégramme a été expédié qui ressemble fort à un appel de S. O. S...

« Le navire s'engage dans le Bell Sund, dans un fjord tranquille et absolument inhabité, dit « la Baie de la Recherche ».

Le capitaine du *Monte-Cervantes* avait donc fui vers le sud et il n'est pas certain qu'il se soit complètement engagé dans le Grön Fjorden comme le témoin le disait ci-dessus.

Les Allemands, qui organisent tout, s'occupent d'organiser « une promenade »... Tout danger est oublié. On met des plaques dans les châssis des appareils de photo, et on introduit des bobines dans les kodaks. Bientôt les objectifs fusillent paisiblement les ombres de verdure printanière du Spitzberg.

« Au déjeuner » *(Mittagessen,* c'est plutôt vers deux heures que vers midi) « grosse sensation *(sic)* : le *Monte-Cervantes* coule effectivement... Il a télégraphié au *Krassine* pour demander du secours... On attend la réponse. Au *Krassine !...* Cela éclate comme une bombe. Le brise-glace viendra-t-il ? Aurons-nous le bonheur de voir le *Krassine* de tout près, de connaître son héroïque équipage et ses intrépides chefs, qui, indépendamment de toute considération de parti ou de politique, se sont lancés dans une aventure gratuite, pour l'honneur, à l'appel du plus pur sentiment humanitaire... »

Cette phrase nous paraît extraordinaire : le *Monte-Cervantes* est en perdition, et le témoin nous parle du plaisir qu'il aurait à voir de près, à l'occasion de *son* naufrage, le *Krassine.*

Cette phrase, nous ne l'inventons pas. Nous avons envie de la recopier en allemand : « *Werden wir das*

Glück haben, den « Krassin » aus allernächster Nähe betrachten zu können, die heldenhafte Besatzung und ihre unerschrockenen Führer kennen zu lernen ?... »

Dans l'après-midi, ils surent que le *Krassine,* interrompant son voyage, courait à eux.

« Tous les regards étaient dirigés sur la sortie de la baie. Et quelqu'un cria le premier... Il apercevait le *Krassine...*

« Un petit point à l'horizon... qui grossissait... »

Ils aperçurent d'abord le drapeau rouge, puis les étoiles sur les cheminées, puis le mot *Krassine* sur la proue, puis l'équipage massé sur le deck, sur le pont.

« Une seconde, ce fut un profond silence... Chacun sentait la grandeur du moment... Nous leur tendions les mains... Des bravos...

« Par bonheur, le soleil de minuit était aussi clair que chez nous, dans les heures d'après-midi...

« Le *Krassine* étant auprès de nous, nous nous sentions hors de danger... Morts de fatigue, nous allâmes nous coucher. »

Ce témoin a été poète quelques minutes. Mais quittons-le.

*

Correspondance de Chpanov, traduite en Russie, rapportée ici presque sans corrections :

« Vers minuit, à la lueur éclatante du soleil septentrional, le *Krassine* est entré dans le golfe de Bell Sund qui, par une coïncidence vraiment étrange, porte le nom de *Golfe de la Recherche* et au fond duquel se trouve le *Monte-Cervantes*.

« L'énorme vapeur océanique est arrêté au pied d'un glacier ; la proue portant une vaste déchirure est profondément plongée dans l'eau, on voit clairement la bande du flanc droit. La cale inférieure est remplie d'eau ; celle-ci continue sans cesse à envahir le navire. La déchirure a été produite par le choc contre un glacier.

« Le *Krassine* aborde le *Monte-Cervantes*. Aussitôt, les passagers et l'équipage, 1.800 personnes environ, remplissent les ponts supérieurs et les canots.

« On ne saurait décrire l'explosion d'enthousiasme qui accueille le *Krassine*. Cris tonitruants, applaudissements, salutations en diverses langues, exclamations :

« Hoch ! hoch ! hip ! hip ! U. R. S. S. ! Krassine !... »

« Les cris ne cessent pas.

« La situation du *Monte-Cervantes* est très sérieuse. Notre scaphandrier descend dans l'eau pour se rendre compte des avaries.

« L'arrivée du *Krassine* assure le salut de 1.800 personnes.

« A bord du *Krassine* on se met au travail pour préparer les *emplâtres spéciaux* destinés à boucher les voies d'eau du *Monte-Cervantes*. Les passagers de ce navire appellent le *Krassine* « le grand sauveur miraculeux ». Les journalistes du navire soviétique sont invités à visiter le *Monte-Cervantes*.

« Les Italiens qui se trouvent à bord de ce bateau, viennent remercier l'expédition d'avoir sauvé Viglieri et les autres membres de l'expédition. Nobile... »

*

Les passagers du navire allemand ne savaient comment exprimer leur gratitude.

« Leur assemblée, dit Lehman, décida de nous faire cadeau de 134,5 (?) litres de bière, de 72 boîtes

d'ananas, de 150 paquets de tabac, de 150 tablettes
de chocolat et d'une pièce entière de viande frigorifiée. Ils nous invitaient à les visiter et à regarder
l'intérieur de leur bateau. Ils doivent vivre fort
gaiement. Ils ont deux orchestres, l'un d'instruments à vent, l'autre d'instruments à cordes, et
chaque soir, de huit heures à minuit, organisent
des danses. Ils s'intéressent beaucoup à nos danses
russes que nous leur avons montrées. Chacun d'eux
fait tout ce qu'il peut pour nous régaler de bière
et de vin, et nous demande d'écrire n'importe quoi
sur des cartes postales en souvenir de leur sauvetage. Moi, on m'arrête à tout bout de champ depuis
qu'on sait que je parle allemand... J'ai tant causé
que j'en ai perdu la voix... Les dames aussi nous
font bien des cadeaux. Elles sont habillées chique-
ment et proprement, et très gaillardes, et bien
pleines. Il y a aussi beaucoup de demoiselles. Mais
tous les passagers sont de condition moyenne,
il n'y a pas sur leur bateau de très grands bourgeois... Ce sont des instituteurs avec leurs femmes
et des institutrices en vacances, de nombreux inva-
lides de la guerre impérialiste, une quantité de
médecins, de petits fabricants et commerçants...
Il y a un Letton qui parle le letton mieux que moi...

Leur *Monte-Cervantes* a été construit à Hambourg en 1927. C'est son quatrième voyage seulement. Il a deux hélices, à moteurs Diesel. Il fait quinze milles à l'heure. Il a 14.000 de tonnage. C'est un navire de troisième classe, mais très propre, avec deux salles à manger, où l'on peut servir, par salle, 800 personnes à la fois. Il y a un salon avec de petites tables rondes et une salle de lecture. »

*

Le lundi 30, les travaux de sauvetage se sont poursuivis toute la journée. Dans la soirée, une tempête se déchaîna. Le radeau de réparations sautait sur les vagues « comme un copeau ». Le *Krassine*, pour ne pas heurter le *Monte-Cervantes*, dut s'éloigner et jeter l'ancre à distance.

Le mardi 31, le temps étant plus calme, on s'occupa, dès six heures du matin, de boucher la déchirure de bâbord du bateau allemand en la recouvrant d'une feuille de tôle arrachée au plancher de la machinerie du *Krassine*. « On voulait faire très bien les choses. »

Le mercredi 1er août, on continuait et on allait

achever. Mais la tempête, en dehors du fjord, devait empêcher le départ. « Pourtant, les jolies et robustes petites Allemandes étaient très contentes de nous. Nous plaisions beaucoup. On descendit les chaloupes et on alla se promener sur le rivage. En route, on échangea des cadeaux. On cueillit ensemble des fleurs polaires. Nous découvrîmes des ossements fossiles de baleine, des vertèbres énormes que nous avons rapportées pour notre musée de Léningrad. Ensuite, sur le *Monte-Cervantes*, il y a eu un concert jusqu'à minuit. Notre jeunesse y a pris une part ardente et a fait une vraie *soudure* avec les bourgeois allemands. »

*

Le jeudi 2 août, une affiche annonçait aux passagers du *Monte-Cervantes* qu'ils pouvaient profiter une dernière fois de leur « villégiature » forcée et visiter à loisir cette terre inhospitalière : ils avaient engagé leurs économies d'une année pour la voir à la jumelle et failli perdre la vie ; ils en prirent pour leur argent. Et qui n'en eût fait autant ?

Ce fut encore « organisé » avec de la musique : l'orchestre, en chaloupe, devançait et entraînait les promeneurs. Qu'un ours, au pied des montagnes blanches, ait entendu les flonflons de nos sociétés humaines déchirant le silence de son royaume, quel souvenir profond dans sa tête obtuse et pacifique !

Le soir, on se fit des adieux sur le *Krassine*. On vida des bouteilles de bière offertes par les Allemands, on picora les hors-d'œuvre, il y eut du bruit et bien des « hoch » ! Lehman et ses compagnons, cependant, déjà très fatigués, avaient pris leur service dès six heures du matin, et travaillé jusqu'à quatre heures du soir. On leur servit un gras dîner sur le *Monte-Cervantes*.

Les blessures de ce navire avaient été cimentées. « Il pouvait aller jusqu'en Amérique ». On lui rendait son lest, le sable. C'était fini.

Et, le 3 août, les chauffeurs du *Krassine* mirent sous pression. A midi, tout était prêt pour le départ.

Les opérations du sauvetage avaient duré presque dix jours.

Mais, comme le brise-glace allait appareiller, il fut rejoint par un bateau à moteur, qui venait le féliciter : des camarades qui arrivaient du sud de l'île Forland, de Grün Bay, des ingénieurs, des mineurs, des cheminots originaires de Mourmansk,

qui vivent dans un coin perdu, un fjord où il y a
des charbonnages russes.

Peu de temps après, un autre petit vapeur
ramenait le professeur Hoel, le Norvégien, qui s'était
détaché de l'expédition au Spitzberg. On lui fit une
gentille ovation et on enleva vivement son bagage.

Alors ce furent les adieux solennels du *Monte-Cervantes* et du *Krassine*, son sauveteur.

« Notre sirène hurle, dit Lehman, les chaînes de
nos ancres grondent, et nous leur crions « au revoir ».
Sur leur pont, 1.800 personnes agitent des mouchoirs et acclament notre *Krassine*. Leur orchestre
nous joue l'*Internationale*, et nous sommes debout
sur notre pont, et nous étant tous décoiffés, nous
chantons tous l'*Internationale* avec eux. Puis,
tous les passagers chantent, accompagnés de leur
orchestre, leur hymne allemand. Et nous partons
en mer. »

Ciné.

Le *Monte-Cervantes* a levé l'ancre et les suit.

Vers quatre heures du soir, on ne le voit plus.
Brouillard.

A sept heures et demie, radio : les moteurs
Diesel du *Monte-Cervantes* ne fonctionnent plus. Le
bateau dérive.

Retour en hâte vers lui. Brume épaisse. On ne le voit pas. Il joue de la sirène, « nous aussi ». On ne se retrouve pas.

Vers neuf heures, seulement, le contact est repris. Le navire allemand a réparé ses machines. Il suivra, par tribord, d'un peu en arrière, le *Krassine*. Il est piloté maintenant par Brenkopf, assisté par le charpentier Paramochine.

Entre nous, le capitaine de ce gros vaisseau de Hambourg, qui a crevé sa coque sur les glaces, sous prétexte de les faire voir aux touristes, et qui ne peut pas redescendre tout seul le chemin de son pays, ne semble pas très « à la hauteur ».

Le samedi 4 août, par temps couvert, vers dix heures du soir, le *Krassine* double l'île aux Ours. Le *Monte-Cervantes*, qu'un remorqueur allemand est venu secourir dans l'après-midi, dépasse enfin le brise-glace.

Le 5, la mer fut très agitée, le *Krassine* roulait, « sans considération de personnes » et des jeunes de la marine soviétique souffrirent du mal de mer tout comme des Anglaises cardiaques en Manche. A dix heures du soir, on approchait des fjords, un pilote norvégien monta à bord, et ce qu'il

Russ-Photo.

LES PASSAGERS DU MONTE-CERVANTES ACCLAMENT
LE " KRASSINE " VENU A LEUR SECOURS.

Russ-Photo.

LES TRAVAUX DE SAUVETAGE DU MONTE-CERVANTES.

y avait à voir de mieux, c'était *le premier coucher de soleil* avec un bout de lune.

A minuit et demi, le 6, le *Krassine* touchait Hammerfest. Montagnes. A quatre heures, il filait sur Tromsoë, qu'il atteignit dans la journée, vers le milieu de l'après-midi, et où le croiseur *Strasbourg* représentait sans péril nos bureaux de la rue Royale.

Le mardi 7 août, le *Krassine* roula longuement. Les fjords étaient beaux : sommets de neige ; bouleaux désirables, fine écorce, fin feuillage tremblant, rappels du pays. Là-dessous, des maisonnettes de pêcheurs, des champs de choux et de pommes de terre que nos marins-paysans reconnaissaient sans erreur ; de nobles cascades, piquant à la mer de cent mètres, pour émerveiller les passants.

RENTRÉE DANS LE MONDE...

Le 8, c'était le large et des eaux lourdes ; le 9,
les roches majestueuses, trésors inconnus de la
Norvège. Oras fit une conférence sur les perspectives d'une seconde expédition. Vendredi 10, tempête. Mais dans les fjords, la nuit venue, on essaya
de laver le bateau. C'était une nuit calme et l'on
avançait doucement. (« Une nuit d'été en Ukraine »).
Des lampes électriques luisaient dans les montagnes
et des torrents écumaient bruyamment sous les pins.

Enfin, le 11, près de Stavanger, c'est le soleil,
c'est la réception que ménagèrent au *Krassine* les
sociétés ouvrières et les autorités du lieu.

Il se trouvait à plusieurs milles encore quand une
flottille sortit à sa rencontre.

Vers huit heures du matin s'avancèrent donc
le *Sauda*, steamer de commerce et de tourisme,

frété par le Comité des Travailleurs, et quatre
bateaux à moteur (vedettes), pavoisés : un orchestre
ouvrier était à bord du vapeur.

Une des vedettes portait exclusivement des
membres du parti communiste norvégien, des jeunesses et des pionniers. « Hip ! hip ! Hourrah ! »

Le Comité ouvrier, avec son président, Olsen-
Hagen, et les passagers du *Sauda* et des autres
embarcations se hissèrent à leur tour à la coupée
du *Krassine*. Comme on pense, des discours de
bienvenue furent prononcés.

Un peu plus tard, Kollontaï, ministre de l'U. R.
S. S. à Oslo, M. Middelthon, bourgmestre de Stavanger, et le docteur Smedsrud, président du Comité
municipal, venaient saluer les héros du Spitzberg.

« On nous reçoit, dit simplement Lehman,
comme des héros qui ont vaincu lés éléments et
sauvé bien des vies, les arrachant des embrassements
de la mort... Ils nous chantent et jouent l'*Internationale*. Et le plus important, ce qui m'a touché
jusqu'aux larmes, c'était notre vieux chant révo-
lutionnaire letton, que j'ai chanté comme partisan
de notre Révolution, dans les rangs de la social-
démocratie lettonienne en 1905 : « *Kas pasi staiga
driskas un zihda...* »

MARIANO EST TRANSBORDÉ EN CIVIÈRE SUR LE " CITTÀ-DI-MILANO ".

« Je ne puis, dit encore Lehman, me représenter ce qui est arrivé et pourquoi toute la bourgeoisie ensemble est prête à nous porter aux nues et à nous considérer comme des héros légendaires. »

Le 12, en effet, le *Krassine* sera plein de visiteurs. Ils arrivent de tous les pays environnants, par bateaux et trains spéciaux.

Le *Krassine* est ouvert à tous.

Un des admirateurs du *Krassine* trouve le moyen, ce dimanche, de tomber dans la machinerie. Et notre docteur doit lui faire une suture au crâne.

*

Les travailleurs du *Krassine* font toilette. Ils veulent être bien mis sur le pavé de la ville étrangère qui les louange et se récrie à les recevoir.

Partageons les surprises naïves et la gaieté de ces hommes qui ne pensaient pas avoir mérité tant d'enthousiasme : pas un d'entre eux, savant, technicien, soutier ou cuisinier, ne prend à son compte des compliments qui reviennent à toute l'équipe et à sa machine. Les voilà fiers, non d'eux-mêmes, mais d'appartenir à ce bloc indivisible.

Ils n'ont d'autre coquetterie, dans la gloire, que

de ressembler un peu aux modèles courants d'un peuple civilisé. Les invitations pleuvent, deux banquets sont annoncés. Va-t-on s'y présenter en salopette huileuse, le nez encharbonné, les pattes encroûtées de cambouis ? Que non pas ! On a sa dignité.

Pour commencer, l'on fait queue, au salon, devant le camarade caissier, qui verse à chacun une avance de 150 couronnes (à peu près mille francs) sur le salaire amassé.

Le pont est sale, tout imprégné d'une substance grasse et rancie, complexe résidu de maints mélanges brassés sous le vent glacial, triturés et étalés par les pieds des manœuvres. Il faudrait le récurer, le fourbir. On n'en a pas le temps. C'est le grand congé. Et puis, les délégations l'ont envahi, avec leurs drapeaux rouges et leurs orphéons. Et l'on s'en détache, on pense à autre chose : il y a la ville, en face...

*

A l'avant, sous la peau d'ours dont la panne brunie fond et pue au soleil, un mécanicien a accroché son miroir et se rase attentivement ; nous dirions : dévotieusement ; en dix minutes, il redevient un jeune homme.

Et, par la vedette que la municipalité de Stavanger a mise au service du *Krassine*, nos hommes démarrent en hâte, s'élancent à la découverte des magasins de confections...

De vrais enfants, comme nous en sommes tous. Pendant huit jours, nous les rencontrerons chaque soir, au bateau, chargés de cartons de tailleurs, de coiffes de chapeliers, de paquets hétéroclites : la mandoline de bazar et le seau de confitures...

Ils viennent, au salon, se regarder dans la glace :

— Dites, camarade, ça me va ? Ça tombe bien sur le dos ? C'est du bon, comme étoffe ?

Ils sont très graves. L'affaire semble sérieuse. Malheureusement, quoique « parisien », nous ne connaissons rien aux tissus. Nous disons donc :

— Ça tombe, ça tombe... épatamment...

Ils sont heureux. Ils tournent et se retournent, nous montrent les doublures :

— Hein ?

— Ah !... bien sûr...

Un journal de Stavanger a publié l'annonce d'un de ces bazars qui se vantait d'avoir vendu « pour

20.000 couronnes de costumes à l'équipage du *Krassine* ». Divisé par 100, ce chiffre est dans le domaine du possible... très arrondi.

Et le linge, et les chaussures !

Pourquoi raconter tout cela ? Parce que c'est humain. Parce que l'héroïsme sans comédie se rattache ainsi, inconsciemment, à notre vie commune.

Nos « officiers » s'achetaient des casquettes à ancres d'or et à écussons rouges.

Ils les essayaient et se les repassaient.

— Mais, disions-nous, vous avez sur la ganse, en broderie, la couronne de Norvège...

— Ah ! c'est vrai. Mais on n'en trouve pas d'autres...

*

Nous n'oublierons jamais le contraste qui s'établit au banquet offert par la municipalité de Stavanger, entre Oras, commissaire politique, dit « le vice-amiral » en Norvège, et M. Roman, commandant d'une escadrille française, que « le gouvernement de la République » avait chargé de saluer le *Krassine*.

M. Roman était chamarré et considérait avec un mépris indicible, avec une haine réservée, ces chefs et cet équipage victorieux.

Oras portait un vieux veston de drap noir, et n'avait, pour tout insigne, qu'une étoile d'argent au bras. Oras est jeune, et il parle, il rit, en bon garçon. Il est incapable de prendre des airs d'amiral.

Les soutiers, les mécaniciens, les cambusiers du *Krassine* assistaient à ce banquet, vêtus de neuf, sans la moindre gêne, et ne s'enorgueillissaient guère des discours que l'on prononça.

*

Dans la nuit, nous rencontrons des matelots de l'*Oise* et du *Vauquois*. La conversation, sous la pluie, fut longue. C'étaient des Bretons. Ce qui les étonna fut d'apprendre que les chauffeurs du *Krassine* avaient participé, à côté de leurs chefs, au gala municipal.

— À la même table ?... Et ils peuvent serrer la main à leurs officiers ? Un qui essayerait, chez nous, de faire la même chose, il verrait ce que ça lui coûterait...

Il pleuvait. L'entretien était triste.

Nous disions à ces marins :

— Pourquoi n'allez-vous pas visiter le brise-glace ? Vous y seriez si bien reçus...

— Ça nous est bien défendu. On a eu l'occasion, on a rencontré des hommes de là-bas. On a eu à peine deux minutes de conversation par signes avec eux, et de là-haut, de notre pont, un coup de sifflet : « Assez, là !... »

LA VIE A BORD DU « KRASSINE »

Nous avons plaint les matelots de la marine française, en causant avec des matelots de la marine soviétique.

Pourtant le *Krassine* est un dur bateau. La construction spéciale du brise-glace inflige aux travailleurs du fond une chaleur habituelle de 60 degrés. Les rampes et tous les objets métalliques sont brûlants. Ils montent respirer sans se couvrir, leur quart fini.

Ce que l'on gagne là-dessus ?

Le moins payé, l'homme de chauffe, a ses 135 roubles par mois ; le plus payé a 225 roubles (multipliez ces chiffres par 12, vous aurez les sommes en francs). L'entretien et la nourriture sont, de plus, à l'avantage de l'intéressé.

Une moitié des salaires est versée aux hommes.

L'autre moitié est déléguée à leurs familles, dont le logement, à Léningrad, coûte au maximum 10 % du traitement.

A bord, la cuisine est la même pour tous : en temps d'expédition, le pain, blanc ou noir, à volonté, du riz, des légumes, du fromage et du beurre, des œufs, de la viande frigorifiée ou conservée ; de l'eau à suffisance. Dans les ports, de la viande fraîche.

Nous avons parlé de « première » et de « deuxième » classe :

Il faut bien entendre certaines choses très simples, que tout le monde, à bord du *Krassine*, comprend.

La première classe est un lieu de réunion, que décorent les portraits de Lénine et de Krassine, où l'on fait de la musique, où l'on reçoit les étrangers, un salon que l'on ne veut pas salir, mais où l'égalité est parfaite. On y entre librement. N'importe quel travailleur du bateau s'y sent chez lui et parle comme chez lui au chef qu'il est venu chercher, et se met dans un fauteuil pour causer plus à l'aise.

La deuxième classe est aussi propre et aussi confortable que la première ; elle a ses couchettes, son linge soigné, ses tables savonnées, les plats

Russ-Photo.

" ET LE KRASSINE EST REPARTI DANS LES GLACES, DANS LA NUIT... "

dc la première, sans aucune différence ; mais elle est moins spacieuse.

Les tours de rôle des chauffeurs, très pénibles, sont aussi courts que possible quand on considère que le *Krassine* n'a pu emmener tout le personnel qu'il aurait fallu pour assurer une répartition normale ; chaque chauffeur travaille quatre heures et se repose ensuite huit heures ; les mécaniciens se reposent six heures après six heures de travail. Chacun a ses bénéfices sur les heures supplémentaires.

*

Dans toute entreprise collective, le problème de la discipline est le premier que l'on doive résoudre, et la solution étant adoptée, bonne ou mauvaise, il faut en appliquer les principes dans toutes les éventualités ; l'abandon de ces principes équivaut à la décomposition ou au licenciement du groupe. Ni la perfection de l'outillage, ni les talents individuels ne peuvent suppléer la loi de l'ordre, qui subsistera même après la disparition de tout État.

Les éléments de l'ordre collectif sont : une hiérarchie, un code du travail, un code pénal.

Voyez le *Krassine* où l'organisation du travail, le sentiment du droit et du devoir, le respect de l'autorité et la connaissance de ses limites, le goût de la tâche bien faite, de la régularité et de la méthode, la conscience des responsabilités personnelles et des responsabilités d'équipe, enfin l'honheur professionnel poussé jusqu'à l'abnégation et au sacrifice, chez les hommes comme chez les chefs, sont à faire éclater d'admiration et crever d'envie n'importe quel capitaine de la marine française. Et c'est cela que la Révolution a tiré d'une flotte turbulente, exaspérée, affolée par les traitements de l'ancien régime ; plus d'un, parmi ces héros, a été de ceux qui culbutèrent les officiers aristocrates en ces mémorables journées d'Octobre.

*

Nous avons déjà dit que l'autorité sur le *Krassine* est constituée par un triumvirat, que forment le professeur Samoïlovitch, chef de l'expédition, Oras, commissaire politique, et Tchoukhnovsky, l'aviateur.

Ils sont assistés par un « comité de navire », dont font partie des travailleurs de tout rang, et dont une des principales attributions est de surveiller la gestion des deniers publics engagés dans l'affaire.

Le capitaine Egghi est responsable et maître des mouvements du brise-glace.

30 % des membres de l'équipage sont des « sans-parti ».

La grande autorité morale du milieu est celle de la cellule communiste, dont l'ouvrier Rykov, mécanicien, est le secrétaire.

Le conseil de discipline, formé de travailleurs du rang, est présidé par le mécanicien Philippov.

Nous avons été témoin de plusieurs scènes qui révèlent l'état d'esprit du *Krassine*.

Nous avons entendu les délégués du comité de navire, deux des chefs et un ouvrier, discutant de dépenses en conseil restreint. Nous étions frappé de leur souci extrême de limiter à l'indispensable les frais de l'expédition.

Nous étions présent à des pourparlers entre un chef mécanicien et ses subordonnés. C'était en période de repos relatif; il ne s'agissait que de collaborer aux réparations. L'équipe, fatiguée, demandait un repos de vingt-quatre heures, promettant d'en « mettre un coup » le lendemain. Après en avoir conféré avec ses supérieurs, le chef revint dire (c'était lui qui se dérangeait...) que le répit était accordé, mais qu'il tiendrait la main à obtenir de bon travail ensuite. Le ton était calme et ferme. Le ton des ouvriers n'était pas moins tranquille et *cordial* dans l'expression de la volonté de bien faire.

Un dernier exemple :

Le *Krassine* était parti de Stavanger pour Bergen. Deux hommes restèrent en vadrouille à Stavanger et nous rejoignirent le lendemain seulement, par le bateau-poste. Ils sont réputés pour de mauvaises têtes. Ils se présentèrent aux chefs. Savez-vous ce que dirent ces « mauvaises têtes » ? Exactement ceci :

— Nous ne venons pas nous excuser. Nous sommes inexcusables. C'est entendu. Pour l'instant, on vous prie de payer notre passage au bateau qui nous a ramenés. Prenez ça sur nos salaires, à titre d'avance. Après, on verra : les camarades nous jugeront.

✻

Pour ne rien perdre de leur histoire (nous aimons tant ces gens-là !) :

Xénia, cuisinière et ménagère, si affectueuse, si prévenante, une vraie campagnarde de chez nous, étonna la couturière norvégienne en lui commandant une robe d'indienne, longue et ample : il paraît que le mot est resté d'elle à Stavanger, « une robe façon Krassine ».

Samoïlovitch, malicieux, nous assurait que la cuisinière avait surtout songé aux importunités de la douane russe, et qu'en se faisant tailler une robe extraordinaire, elle méditait d'en tirer, plus tard, deux ou trois cottes pour ses « gosses »...

La douane des Soviets est-elle si impitoyable que de ne pas épargner, à son retour, le *Krassine* ?

On nous l'affirme : elle est intraitable.

En ce cas, nous la supplions de considérer les mérites exceptionnels d'une femme qui n'est pas seulement la meilleure des femmes russes, mais qui a peut-être lancé une mode nouvelle en Norvège !...

Xénia n'était un peu fâcheuse que le matin, à sept heures, quand elle racontait longuement ses rêves de la nuit.

*

En dehors du service, les hommes sont libres.
Beaucoup, surtout ceux qui font le travail le plus
dur, se couchent et dorment, ou fument et lisent.
La bibliothèque, de 2.000 volumes, est chipotée
avec acharnement. Nombreux sont les amateurs
d'échecs, il n'y a pas assez de jeux à leur disposi-
tion. Deux fois par jour paraît le bulletin officiel,
et il y a un journal mural auquel collabore le
« camarade tout-le-monde ». Caricatures des chefs
et des subordonnés. Commentaires sur la vie du
bord. Enfin cette ressource précieuse de l'homme
russe, la musique qu'il sent comme personne, les
concerts, le piano parfois tenu par Samoïlovitch,
qui a longtemps caché son talent, et maintenant
le phonographe (cadeau de l'ambassade d'Oslo),
qui voyage sans cesse des *premières* aux *deuxièmes*,
car tout le monde veut entendre ce « cochon de
Chaliapine » chanter les *Haleurs*...

Les chefs font des conférences, ils en ont donné
six, sur l'aviation, sur les populations des pays
visités, sur la géologie des contrées explorées.

A l'escale (Stavanger) on visite les usines (Sauda), les musées et les monuments. « Nous avons, dit un mécanicien, le devoir de connaître les peuples quand nous le pouvons. »

CONCLUSION

Nous écrivions, le 15 août :

« Il n'est pas exagéré de dire que, pour la Norvège, la rentrée momentanée du *Krassine* dans la zone tempérée est un *événement national.*

« Il n'est pas un journal du pays qui ne consacre, en ce moment, chaque jour, des colonnes et des colonnes de première page aux travaux de réparation du navire, aux allées et venues de son équipage, aux déclarations officielles et aux conversations privées des chefs de l'expédition.

« Il en est de même en Suède et au Danemark.

« Faut-il penser que ces pays, étant, — et la Norvège en particulier, — des provinces perdues quand on les considère à l'échelle de la carte européenne, sont tout simplement heureux de saisir enfin une « actualité sensationnelle » qui soit vraiment bien de « chez eux » ?

« Non. Le succès fait au *Krassine* vient du cœur.
Il est d'enthousiasme et d'affectueuse admiration,
non de snobisme et d'exploitation journalistique.
Toutes les classes de la société semblent avoir
oublié leurs dissentiments politiques et leurs incom-
patibilités d'intérêts économiques pour ne s'occuper que du *Krassine* et pour célébrer ses exploits.
Les journaux réactionnaires (comme ici, par exemple, le *Stavangeren*) parlent presque du même ton
que les quotidiens de la social-démocratie sur ce
sujet...

« Gardons-nous cependant d'illusions et n'imaginons pas que les hauts faits du *Krassine* aient pu
promouvoir d'un seul pas la cause de la paix européenne. Dans la phase actuelle de l'histoire, tous les
conflits observés entre divers impérialismes se
résorbent automatiquement chaque fois que se
pose avec acuité, sous un aspect international,
le problème essentiel à notre temps de la lutte
des classes ; et il ne peut y avoir de « paix européenne » parce que les impérialismes et le capital
international ne désarmeront jamais ni devant
leurs prolétariats, ni dans leurs colonies, ni devant
la III⁰ Internationale ; et comme le centre de
ralliement et le point d'appui du prolétariat révo-

lutionnaire, c'est l'Union des Soviets, toutes les
lignes de l'histoire convergent dans le même sens :
la lutte des classes, c'est la bataille entre l'Europe
capitaliste et les travailleurs groupés sous le drapeau rouge, c'est, dès que *ceux-là* l'oseront. la
guerre contre l'U. R. S. S... »

✱

Nous écrivions quinze jours plus tard :

« Maintenant, vous êtes repartis, chers camarades.
D'ici, avec émotion, je vous adresse un salut qui ne
vous parviendra que si vous rentrez, je n'ose pas
dire vainqueurs, mais du moins sains et saufs de
votre deuxième expédition. Nous savons que *ce
sera dur*. Vous vous êtes enfoncés dans le royaume
de la nuit. Il est difficile d'imaginer que des hommes
désarmés et dépourvus de toute défense extérieure
aient survécu aux terreurs infinies de ce désert.
Il est encore plus difficile de croire qu'avec des
projecteurs vous les trouverez, là où le soleil de
minuit vous trahissait déjà. Qu'un accident vous
arrive, qu'une de vos trois hélices qui barattent
de gros glaçons se casse encore, vous seriez immobilisés et probablement en danger. Aucun vaisseau

ne s'aventure dans ces régions de désastre où vous
croisez. Vous savez ce que vous risquez. L'un de
vous, un ouvrier, me disait : « C'est pour nos
Soviets que nous faisons ça, et non pour ce Nobile. »
Vous savez que vous aurez contre vous l'obscurité
et des vents terribles, sur des profondeurs trom-
peuses. Vous savez que, vous oubliant, vous pous-
serez aussi loin que possible.

« Laissez-moi vous remercier discrètement de
votre accueil fraternel et dire notre espoir en vous.
Nous voudrions que vos efforts ne soient pas vains
et qu'ils ajoutent à la gloire de l'Union soviétique.
Mais nous voudrions surtout vous voir revenir
vivants et forts, guidés par ce « pilote » de porce-
laine que vous offrit, en cadeau, au nom de neuf
camarades, le spirituel Severe Nilsen, ouvrier céra-
miste d'Egersund, et que vous avez mis sur votre
table.

« Au revoir ! »

*

Les heures que nous avons vécues à bord du
Krassine compteront pour nous au nombre de nos
plus belles et de nos plus intéressantes.

Nous savons maintenant que, dans cette seconde expédition, le brise-glace de Léningrad ne pouvait remporter la victoire souhaitée.

, Guilbaud et Amundsen ont péri dans les parages des îles Lofoten.

La banquise où s'abîma le dirigeable s'est rageusement refermée, dans les ténèbres, sur les débris de cette nef, et la neige descend sur des cadavres.

Dans ce drame où les lois de la civilisation ont été affreusement transgressées, un exemple d'héroïsme est très modestement offert au jugement de nos contemporains, à tous ceux qui veulent bien considérer en conscience les événements.

Cet exemple leur est donné par une collectivité indivisible, et sous l'enseigne du drapeau rouge.

Stavanger, Bergen.
Août, Septembre 1928.

ÉPILOGUE

En corrigeant nos épreuves, nous avons sous la main ce télégramme de l'agence Tass.

« *Moscou, 5 octobre*. Aujourd'hui, à 17 h. 30, le *Krassine* est rentré à Léningrad, escorté par des hydravions, des navires de guerre et de commerce. Il a été acclamé par les représentants du gouvernement, par de nombreuses délégations, par les organisations syndicales et une foule d'ouvriers. Au moment où le brise-glace pénétrait dans le canal, des milliers de personnes ont fait une ovation à l'héroïque équipage. »

D'autres dépêches disent avec quelle impatience le *Krassine* fut attendu. A travers le voile des mots, nous imaginons cette multitude « qui se mit à courir le long du rivage, tâchant de suivre le brise-glace ». Quelle clameur ! Et tout le port « couvert de drapeaux rouges »...

« Le corps consulaire assistait aussi à la réception. »

Dès que le navire fut amarré, cette population, transformée et formée par onze années de révolution, cette foule ingénue et claire, et avide, se pressa en meeting.. Le président de l'Académie des Sciences, Karpinsky, parlait en son nom, félicitant l'expédition. Le professeur Samoïlovitch et le chef aviateur Tchoukhnovsky répondirent aux cris de ce monde si fraternel. Cher Samoïlovitch, nous n'étions pas là, et pourtant il nous semble entendre votre voix un peu sourde, et voir votre sourire étonné, le bonheur modeste de vos yeux, l'émotion qui vous serra la gorge. Les applaudissements vous gênaient. Et, autour de vous, vos marins, vos officiers, les cuisiniers et la cuisinière, souriant comme vous aux femmes, aux enfants, au mari, à cent familles qu'on poussait vers vous, par de grands coups dans les côtes...

*

Le 7 octobre, une trentaine de membres de l'expédition et de l'équipage se sont rendus à Moscou. Autre manifestation « monstre ». Vingt-cinq mille personnes assiégeaient la gare. Les chargés d'affaires d'Italie et de Tchécoslovaquie

et les représentants de la mission norvégienne
étaient présents.

*

Cette histoire est finie, bien et mal finie. Glo-
rieusement pour les uns, honteusement pour
quelques autres.

Ce 10 octobre, le croiseur français *Strasbourg*
est rentré à Brest, endommagé, les hommes exténués. Ce bateau n'a rien fait et ne pouvait rien
faire.

Amudsen est mort. Guilbaud et ses compagnons
sont morts. Tombés en mer, avec un appareil qui
ne pouvait résister aux épreuves du grand froid.

Le 21 septembre, le Comité de Secours de l'*Aviakhim* rappelait le *Krassine*.

Dans cette seconde expédition, notre brise-glace
n'a sauvé personne. Il n'est pas douteux que les
savants du bord ont travaillé à des études que les
observatoires jugeront fructueuses. Résultat moins
éclatant pour nous, profanes.

Disons seulement que *le possible et l'impossible*
ont été faits. Tout l'équipage était animé du désir
de sauver les ouvriers qui occupèrent, avec Pontremoli, la gondole disparue de l'*Italia*.

Le 22 septembre, le brise-glace s'était avancé, vers l'est, dans la direction de la terre François-Joseph, jusqu'à la terre Alexandre, par 82° de latitude nord. Devant la terre du prince Georges, où il fit escale, il ne trouva pas trace de vie humaine.

Lorsque nous avons quitté le *Krassine*, à Bergen, le 25 août, nous regardions, sous le deck, un amas de poutres, de planches et un châssis vitré qu'avaient fourni les charpentiers de Stavanger. Samoïlovitch nous expliqua qu'il avait l'intention si l'on ne retrouvait pas les Italiens disparus, de faire élever, sur un point visible de loin, une cabane qu'on remplirait de provisions pour plusieurs hommes et pour un an.

A-t-il pu réaliser son dessein ?

Sur quel bout de terre glacée, dans le désert blanc, existe-t-il un abri, surmonté d'un mât, vers lequel, à travers le chaos de l'éternel hiver, devraient se traîner les survivants de l'*Italia ?*

Paris. Octobre, 1928.

FIN

TABLE

ACHEVÉ D'IMPRIMER
POUR LES ÉDITIONS RIEDER
LE 19 OCTOBRE 1928 PAR
F. PAILLART A ABBEVILLE
(SOMME)